组织管理的实践

沈维东　著

中华工商联合出版社

图书在版编目（CIP）数据

组织管理的实践 / 沈维东著 . — 北京：中华工商联合出版社，2023.7
　　ISBN 978-7-5158-3687-4

Ⅰ . ①组… Ⅱ . ①沈… Ⅲ . ①企业管理－组织管理－研究 Ⅳ . ① F272.9

中国国家版本馆 CIP 数据核字（2023）第 092656 号

组织管理的实践

作　　者：沈维东
出 品 人：刘　刚
责任编辑：吴建新　林　立
装帧设计：智　画・王桂花
责任审读：郭敬梅
责任印制：迈致红
出版发行：中华工商联合出版社有限责任公司
印　　刷：北京毅峰迅捷印刷有限公司
版　　次：2023 年 7 月第 1 版
印　　次：2023 年 7 月第 1 次印刷
开　　本：710mm×1000mm　1/16
字　　数：170 千字
印　　张：13
书　　号：ISBN 978-7-5158-3687-4
定　　价：68.00 元

服务热线：010-58301130-0（前台）
销售热线：010-58301132（发行部）
　　　　　010-58302977（网络部）
　　　　　010-58302837（馆配部）
　　　　　010-58302813（团购部）
地址邮编：北京市西城区西环广场 A 座
　　　　　19-20 层，100044
http://www.chgslcbs.cn
投稿热线：010-58302907（总编室）
投稿邮箱：1621239583@qq.com

推荐序一

　　吖闻维东正在撰写关于组织管理的书籍，我认为这是一件非常有价值和意义的事情。组织管理一直是国际国内热点的研究领域，研究问题很多，研究议题很广，其中不乏很多优秀的研究成果。维东作为资深的企业人力资源和组织管理的实践者，结合组织管理相关理论，基于自己的经验，总结了自己对组织管理的认知和洞见，这是对组织管理学术研究的有益补充，有助于推动组织管理学术研究在企业管理实践中的运用和推广。

　　维东在南京大学硕士研究生学习阶段就非常注重理论学习以及理论和企业管理实践的结合，注重理论对实践的指导，同时善于总结和升华优秀管理实践经验。这本书从组织管理三条主线、九大核心实践进行展开，思维脉络清晰，语言内容接地气，能够有效地指导人力资源和组织管理工作者。

　　组织管理在理论上经历了古典管理理论、行为科学管理理论、现代组织管理理论发展的几个阶段，每个阶段都涌现出一批经典的管理理论和思想。而国内企业正在经历着前所未有的发展阶段，在这个阶段既遇到了传统理论研究的一些问题和挑战，同时又呈现出一些新问题、新挑战。《组织管理的实践》一书正是有效地结合了这两者内容，给出了国内企业在人力资源和组织管理中遇到的一些新问题和新挑战的独特见解，为我们人力资源和组织管理工作者提供了解决问题的新思维。

　　2023年，随着疫情全面放开，中国经济必将迎来新一轮的发展机遇，企业如何在新形势下求生存、谋发展？我认为，唯有通过提升企业的人力资源和组织管理水平，释放企业发展活力，通过生产关系的改变促进、保障企业生产力的发展才能抓住新一轮发展机遇。相信未来10年，将会有更多的优秀组织管理实践涌出，也会有更多基于这些实践所提炼的组织管理理论出现，这些实践和理论既推动了中国组织管理学科的发展，也为世界组织管理理论发展贡献着中国故事、中国理论和中国智慧。

南京大学商学院教授、博士生导师

张骁

推荐序二

认识沈老师的机缘，是在企业的组织变革合作项目中，我看到了他在组织管理方面的大胆实践和锐意进取。

在我三十多年的企业管理和专业咨询经历中，见过许多企业人力资源从业者，他们中相当一部分人，是精准执行老板命令的执行者，往往对于企业业务本质的理解、对组织人才思维能力的提升重视度相对很弱，常常成为一个机械的服务部门。这对于新时代人力资源和组织职能而言是远远不够的，这些事物背后的本质，才是真正值得我们人力资源工作者思考的事情。

今天这个时代，是一个充满不确定性的时代，企业原来赖以成功的商业模式和被市场认可的产品，正在遭受新商业、新需求、新销售模式的巨大冲击。企业对于业绩增长的压力和未来前景不确定性的担忧，前所未有之大。这个时候，我们应当如何应对？

一个企业的成长，创始人或领导者是这三架马车的车头，引领企业发展方向，而资金和人才是轮子，支撑企业往前跑。

读完本书，我看到了一个资深人力资源管理者对企业组织发展全面的、深度的思考。正如本书所强调的，不能简单地将组织管理等同于组织结构的管理，它并不能代表组织管理的全部。书中，沈老师将组织管理归结为三条主线、九大核心，他通过对业务、组织和人才三大篇章的展开，向我们完整系统地呈现了一个清晰的企业内部组织发展逻辑线：业务决定组织，组织承接业务；组织需要人才，人才为组织服务。

这本书对于广大人力资源从业者是一本非常难得的工作指南。有身处高位的老板视角下俯瞰组织发展的需要，也有身处一线具体工作的指引，更有思维层面带领大家理解人力资源和组织工作本质的深度。希望大家在这个变化的时代，能够成为成就组织，成就同事，成就自己的人生幸福者。

DDI 大中华区首席顾问、混沌企业研究院首席专家

上海大学客座教授　伏磊

目录｜CONTENTS

结语

———————————————

参考文献

PRACTICE OF ORGANIZATION MANAGEMENT

———————

序篇

01

组织管理的逻辑

这几年的新冠疫情变化和防疫斗争给社会上每个组织、每个个体都带来了巨大的不确定性，也给我们带来了很多前所未有的挑战性课题。比如面对更多的云办公，组织如何保障和提高办公运营效率和团队士气；如何建立更为柔性的组织，增强组织的风险抵抗力和弹性；以及我们对团队成员的心理和抗压能力更为关注，思考如何让组织更好地体现人文主义关怀。

这就是 VUCA（易变性、不确定性、复杂性、模糊性）时代的表现，它给这个世界带来了更多的不确定性，我们无法消除或避免不确定性，但是我们可以认识和管理不确定性，由此给人力资源管理及其从业者带来了新的发展契机，这个时代比历史上的任何一个时刻，都更加重视对组织的认识和管理，提升组织应对不确定性的能力成为 VUCA 时代的必然选择，华为等企业的优秀组织管理实践也受到了各界的关注和解读。

谈组织管理之前，首先我们先了解一下组织的定义，定义有很多，比较经典的是切斯特·巴纳德在《经理人员的职能》一书中所定义的，组织是由有意识的相互协调的两个或多个人的行动或力量为达到特定目的而创建的系统。与组织管理相关的几个概念，我们简单做一个定义的澄清。一个是组织管理和组织结构管理的区别，很多人力资源伙伴，将组织管理简单地等同于组织结构的管理，组织结构的管理仅仅是组织管理中的一个部分，并不能代表组织管理的全部，组织管理除了组织结构管理外，还有组织诊断、变革管理、流程建设、人才发展等内容；另外一个是关于组织发展（OD）、人才发展（Talent Development）、学习与发展（Learning Development）三个管理范畴。学习与发展的内容主要包括企业的课程体系、讲师体系、运营体系等，它关注的是企业的学习制度和机制、学习内容和形式等方面的建设，重点在于解决组织和个人能力的提升。人才发展包含了学习与发展的内容，它的核心是人才盘点、继任计划、任职资格、素质模型等内容，尤其重点关注企业核心人才供应链的建设，包括标准、盘点、培养、任用、保留等完整的人才链条的打造。而组织发展的范畴更大，除了前两者外，还包括组织诊断与设计、流程设计与优化、组织支持和激励机制等，重点关注的是组织变革和组织竞争力的打造；所以组织发展、人才发展、学习与发展三者关系是前者包含了后者（如图1所示）。

那么企业的组织管理到底管什么，做什么，笔者总结为三条主线、九大核心。所谓组织管理三条主线为业务发展线、组织建设线和人才培养线，每条主线又分别包含三个核心，即九大核心（如图2所示）。

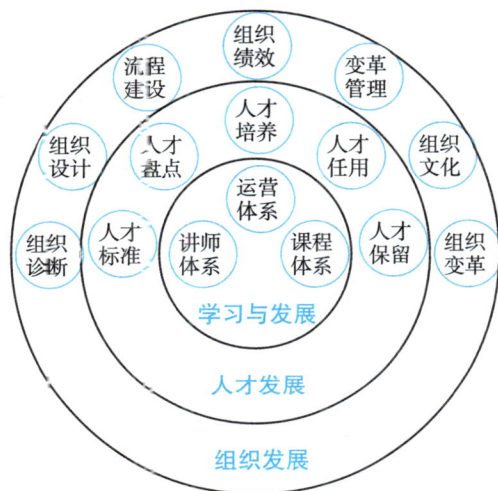

图1 组织发展、人才发展、学习与发展三者关系示意图

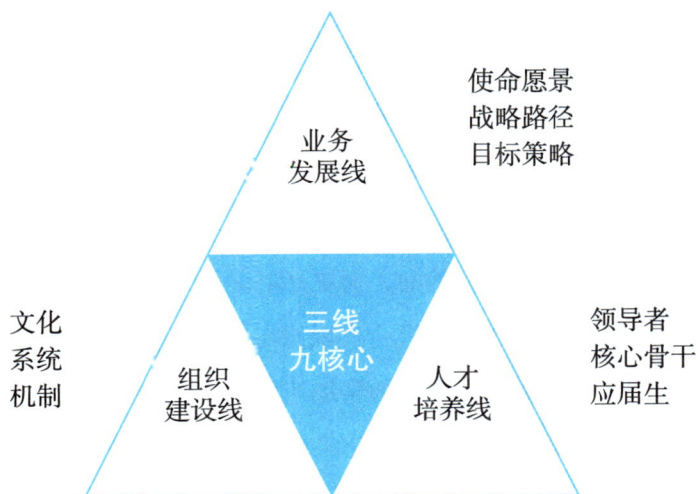

图2 组织管理三条主线、九大核心示意图

业务发展线

业务发展线是组织管理的第一主线，也是组织内部和外部环境的重要连接线，业务是组织管理的起点，也是检验组织管理的试金石，这条主线包括三个核心：使命愿景、战略路径、目标策略。业务发展线的三个核心从时间轴上由远及近，由抽象到具体，层层递进。

每个组织都有其存在的价值，我们称之为使命，使命决定了企业存在的价值出发点；基于这一使命，企业领导者向外部投资者、企业员工、经销商、消费者等群体描绘了一幅美好的画面，即是组织在未来希望达到的目标，我们称之为愿景。组织管理者首先要做的就是厘清组织的使命愿景，它是企业全体员工的最高精神纲领。

阿里巴巴的使命是让天下没有难做的生意。马云带领阿里人本着这样的使命从阿里巴巴到淘宝，再到天猫、支付宝等业务，始终围绕着如何让客户的生意做得更容易些。2016年马云在湖畔大学分享阿里的使命愿景时，谈到做战略首先要想明白你有什么、你要什么、你能放弃什么。这三个来自灵魂的拷问其实回答的就是你所在的企业的使命是什么，基于企业的核心能力和价值取向去做什么以及不做什么。

很多企业往往没有真正的使命，而更多的是体现在宣传语里，且经不起现实的考验，当有更赚钱的业务机会出现但与你的使命并不匹配时，你做还是不做？放弃其实是更难的。在中国房地产发展的黄金时期，有多少非房地产企业为了追逐这样的利益而涉足房地产行业，而像董明珠、曹德旺这样的企业家，不为短期利益所动，始终坚持企业的使命，坚守初心，坚持带领企业做中国制造，在各自领域里提升中国制造的科技含量。

只有使命愿景还不够，还要通过战略路径和目标策略进行一层层分解落实，使命愿景往往是一个长期的，10 年、20 年，甚至更长时期的目标，通过战略路径的厘清将其转化为企业中期战略，比如阿里巴巴 CEO 张勇在 2020 年阐述的阿里 3~5 年的战略主要围绕内需领域、云计算 & 大数据领域和全球化领域三个方面。而目标策略则更具体，是企业一年左右的具体经营目标、策略和实施计划。战略路径和目标策略更关注具体做什么、怎么做，企业需要定期在年度战略研讨会或者战略解码会上复盘战略路径，并制定下一个年度或周期的目标策略。这样的工作往往需要企业运营负责人、财务负责人或组织发展负责人来统筹，对于统筹者来说，首先要具有商业思维和洞察力，要理解行业和公司的商业模式，融资渠道是什么，企业的竞争力以及与对手的差异性是什么，能够从复杂而繁多的信息中洞察出关键信息和机会点；其次要熟悉战略制定、战略解码、战略地图等战略理论和方法论，比如华为的 BLM 模型、五力模型、SWOT 工具、PEST 分析、商业画布等；最后是引导和实践能力，主要是最大限度上发挥企业高层、各业务管理干部的智慧，引导大家群策群力，在一定层面上达成战略共识。

组织建设线

业务发展线解决的是如何打胜仗，组织发展线解决的是如何持续打胜仗，就像生产力和生产关系的关系一样，生产力决定生产关系，生产关系反作用于生产力；组织建设的来源是业务发展的需求，同时好的组织建设有利于业务发展，有利于持续打胜仗，反之不好的组织建设会抑制业务的发展，不利于打胜仗，即使打了胜仗也很难形成组织力，反而多了一些山头主义。我们需要两手抓两手都要硬，重视业务发展不重视组织建设，容易陷入军阀主义；重视组织建设不重视业务发展往往是空有一副好皮囊，昙花一现。本书中讲的组织建设线主要围绕文化、系统、机制三个核心展开。

文化主要包括核心价值观和工作法则两个方面，企业价值观体现的是企业所追求的做事做人的态度，体现的是企业在实现使命愿景过程中所希望坚守的价值追求，比如华为的价值观是"以客户为中心，以奋斗者为本，长期坚持艰苦奋斗"，这反映了华为人在工作中以客户的需求为出发点，而不是以领导的要求为出发点；追求的是在工作中持续创造价值，而不可以躺在功劳簿上。企业的业务流程、人才激励都会以这个价值观为出发点进行设计。而工作法则明确的是员工日常工作中所要履行的工作基本方法，它是核心价值观具象化的一种表现，它具体阐述了企业提倡做什么，不提倡做什么，并将其融入企业的奖惩机制、考核机制以及流程机制中，不断地进行强化。组织文化建设的核心工作是文化的梳理和落地，文化梳理的工作其实也是一场有关文化教育、文化同频的工作，汇川技术在 2013 年、2020 年前后分别开展了大范围的文化研讨和梳理，持续升级文化的内涵和外延。先前的核心价值观"成就客户、追求卓越、至诚至信、团结协作"升级为"以成就客户为先、以贡献者为本、坚持开放协作、持续坚持卓越"，汇川人始终坚信旧认知不改，开辟不了新局面。往往业务和组织变革的前奏是文化的变革、思想的变革。文化落地工作是对组织管理考验非常大的一项工作，做好的不多，做实的更少。阿里巴巴通过闻味官、面试测评、价值观季度考核等方式将文化的要求融入人力资源管理的各个方面，作为企业衡量人才的一种方式；而华为则是通过持续不断的批评与自我批评落实自己在价值观上的践行。

系统主要包括结构设计与优化、流程设计与优化，笔者认为，将结构和流程看作企业的骨架和血管，一定要定期运动、定期清理，骨架才不会僵化，血管才不至于堵塞，组织才会健康。系统是最容易产生物理学中的"熵增"现象的，本身过程是不可逆的，唯有进行人为的"熵减"动作，延缓组织达到无序状态的时间。所以我们看到，像阿里、腾讯、华为等企业都会定期地进行组织结构的变化，合久必分，分久必合，在大型组织中，无论是大前台机制（强化前端）还是大中心机制（聚焦后端资源）都是为了打破原有的利益格局、打破原有的官僚化，建立新的秩序，提高组织的活力和创新力。

机制主要包括企业的决策机制、沟通机制、绩效和奖惩机制等，这些机制都是企业日常运作中涉及的，组织管理者需要定期去诊断企业这些机制运行效果如何，是否能有效地应对内外部的挑战，能否第一时间得到市场的信息、听到员工的声音，是否具备快速、模糊决策的能力，决策结果能够第一时间反馈到一线。对于组织有贡献的人能否及时给予奖励，能否得到发展，违背组织利益的人是否受到应有的惩罚，企业的奖惩机制是否匹配组织文化的要求。企业每年至少进行一次系统的诊断分析，识别关键问题，并将之作为第二年的重点工作，组织团队去分析和解决问题，并优化现有的机制。

人才培养线

企业竞争归根到底是人才和人才管理的竞争，所以从广义上来讲，组织管理也包括企业人才管理的工作，主要围绕领导者、核心骨干和管培生三个核心人群开展。企业领导者是处于组织中高层的管理干部，是企业的领航人，对领导者的培养主要是商业力、战略力的训练；核心骨干是企业的腰部力量，他们中间的高潜人才是未来企业领导者的来源，对核心骨干的培养主要是洞察力、执行力和专业力；管培生是企业人才质量的基本色，其质量将在未来 3~5 年决定企业人才的质量，对于管培生重要在选，选出优质高潜且匹配企业环境的人才，然后在培，通过系列培养项目提高人才成长速度，缩短成长周期。

从具体专业维度上看，所有的人才培养工作归根结底主要围绕四个方面开展，即建立人才标准体系、构建人才评价体系、建立人才盘点体系和打造人才培养体系，简而言之：建标准、照镜子、排座位、促成长。

● 建立人才标准体系

人才标准在理论和实践中逐步形成岗位素质模型和任职资格体系两个方面，任职资格相对来说是个比较具象化的工具，是以工作任务为指引建立人才标准，包括不同层级应具备的基本条件、承担的关键任务、掌握的应知应会和做出的业务贡献度。指引员工向上看，知道上一层级岗位需要做什么，承担哪些责任，具备哪些能力要求，做出什么样的贡献才能晋升。在实践中我们也常常将企业对核心素质的要求融入应知应会里面。素质模型是一个相对抽象的能力结构，一般分为通用素质、管理素质和专业素质三个维度：通用素质是企业每个人都需要具备的素质项，一般基于企业价值观等内容推演出来，比如追求卓越、客户至上等；管理素质是针对企业管理干部需要具备的素质项，比如团队建设、任务分配等；专业素质是指针对各岗位和专业序列需要具备的素质项，比如采购序列需要具备原材料知识、供应链谈判技能等。结合每个企业自身的实际情况，我们将每个素质项转变为具体行为，明确对该职位、人群的具体要求，素质模型标准过于笼统往往是其落不了地的原因之一，同时其对企业的管理水平要求比较高，往往在成熟的外资企业使用比较普遍，而任职资格更具有工作场景，在华为、腾讯等企业使用比较广泛，并得到了实践的检验，因此受到了很多民营企业的欢迎。

任何人才标准都需要每年检验和更新，制定人才标准的目标在于满足业务实现所需的人才，所以企业每年做完次年年度业务规划，必须同步开展人才标准更新工作，让所有人知道公司需要什么样的人才，做出什么贡献的人才才可以得到晋升、调薪等激励。同时会对核心人员进行盘点，明确中短期必须开展的内部人才培养项目，人才调整事宜以及外部人才引进工作。

● 构建人才评价体系

确定了人才标准，接下来就是如何构建人才评价体系问题，没有合适的评价体系，人才标准就宛如空中楼阁。常用的评价工具包括动机测评、潜力测评、360 度评估、结构化面试、业绩考核、述职述能会、评价中心等，不同的情景应用不同的评价方式，企业根据自己确定的人才标准匹配合适的评价方式。

在选择评价工具方面，主要看信度、效度、常模三个方面，所谓信度是指测评可靠性，采用同一工具对同一对象进行重复测量，其结果具有一致性的程度；比如今天测试和晚几天测试，其结果应该基本一致，如果差异性较大，那说明信度低，而效度讲的是有效性，它是指测量工具能够准确测出所需测量内容的吻合程度，比如测量身高却得到了体重的结果，说明结果未能反映测量内容，其效度低。一般来说，信度、效度大于 0.7，这个工具是可以得到认可的；同时还要看测评工具的常模，比较有规模的一般在 2000 个以上，且样本与企业所测对象具有较高的一致性，比如地域、行业、管理层级、职能类别等，这样具有较好的可比性和借鉴意义。

● 建立人才盘点体系

企业每年都会对原辅料、产品、固定资产等资源开展月度、季度或年度盘点，可是人才作为企业最重要的资产，企业往往却很少进行定期盘点，企业不进行人才盘点，就很难全面系统地了解自己的人才存量、结构，以及是否满足业务发展的需要。

所以企业一定要建立自己的人才盘点体系，具体的频率需要根据自己人才的成长周期、业务变化周期来制定，每年 1~2 次。业务迭代变化速度快的，人才盘点的频次可以高一些，形式可以简化一些。

人才盘点不仅仅是对企业人才的盘点、梳理，也是对人才标准进行迭代更新、形成共识的过程，更是对业务管理干部进行人力资源训练，形成统一人才管理语言的过程。

● 打造人才培养体系

人才盘点的目的不仅仅是知道自己有多少人才，同时还要找到基于业务需求产生的人才差距，制定盘点后的人才措施，包括人才内部培养、外部引进、现有人员调整和优化。企业人才培养体系围绕"学习 721 原则"，针对不同的人群差异化、多样化地采取人才培养措施，包括课程培训、岗位轮岗、交流学习、读书会、挑战性任务、导师与教练等。"学习 721 原则"中的"7"是指人的成长 70% 靠行动、实践，但是我们依然看到很多企业把资源和时间更多放在课程培训的那个"1"中，学习知识固然重要，但是知识是为了用，只有有了使用的场景，知识的学习和获取才有价值，也才能唤起成人学习的价值动机。优秀人才都是在企业业务或管理实践中成长起来的，在这个过程中意识到自己的理论知识不足，人才往往自己会有很多手段去获取，当下的信息化、互联网时代，是一个知识爆炸的时代，知识并不缺乏，唯一需要的是获取知识的动力和意愿。企业人才培养体系更重要的是成为一个激发个体主动获取知识、技能、经验、深度思考、反思和总结的机制。

对组织管理的学习，在近现代，我们有最好的老师，那就是中国共产党，1921 年建党后领导的革命战争、抗日战争和解放战争的这段历程，就是我党组织由小变大、由弱变强的发展过程，也是一部中国共产党组织建设的辉煌历史，其中三湾改编、延安整风运动等都是非常重要的组织建设和思想建设的关键事件，非常值得我们每个人力资源工作者和企业管理者学习和借鉴。

PRACTICE OF ORGANIZATION MANAGEMENT

———————

第一篇
业务发展线

使命愿景就是
企业发展的灯塔和指北针

　　企业在商业环境中发展，有时候就像一艘在大海里航行的船。茫茫大海，无边无际，船的行进方向靠的是大海里的灯塔指引，靠的是船长手上的指北针指引，航行的船只要知道前进的方向就一定能够达到目的地。企业也只有知道自己的使命和愿景，才不至于在商业变化中彷徨，面对各种业务诱惑都能坚守自己的主航道，坚守自己的初衷，而使命愿景就是企业发展的灯塔和指北针。

使命——企业存在的价值

　　使命是企业存在的理由和依据，是组织存在的原因。它为企业指明了发展的方向。它既体现了企业对自我存在的价值设定，也体现了企业对未来市场的判断。一个好的使命就是一个好的业务切入点，一个企业能干、愿意干的业务切入点。

美国著名管理学家彼得·德鲁克认为，为了从战略角度明确企业的使命，企业应系统地回答以下问题：

1. 我们的事业是什么？

2. 我们的顾客群是谁？

3. 顾客的需求是什么？

4. 我们用什么特殊的能力来满足顾客的需求？

5. 如何看待股东、客户、员工、社会等多方利益？

使命是企业对经营理念和哲学的提炼，它体现了企业对自己服务主体的明确，对帮助主体解决什么问题的明确，以及对自己独特解决方式的明确。

愿景——企业未来的蓝图

使命和愿景就像一对孪生双胞胎，我们在大部分企业里都能同时看到两者的存在，愿景是企业创始人或领导者给企业股东、员工、客户、供应商等利益相关方描绘的组织未来发展的蓝图，是对组织未来的设想，组织希望达到的目标。企业创始人或领导者用愿景凝聚人心，激励组织奋勇前进，拼搏向上。

愿景明确了组织中长期达到的目标，确保组织在发展过程中方向没有质的变化，即使企业出现领导层变更、组织变革等事宜也不会变。

企业愿景需要回答以下三个关键问题：

1. 组织的方向是什么？

2. 组织的未来如何？

3. 组织的中长期目标是什么？

使命愿景并非一成不变

使命愿景是组织的灯塔和指北针，但并非一成不变，我们需要根据组织业务的发展进行动态思考。微软现任 CEO 萨提亚·纳德拉在推动微软组织变革时，首先就是促使所有微软人对组织的使命愿景的再思考，微软曾经的愿景是"让每个办公桌上都有一台个人计算机"，这一愿景一直推动着微软员工不懈努力，用软件的力量将个人计算机普及到千家万户。但随着时代的发展，这一愿景限制了组织在新环境下的发展。如今微软以赋能为使命，助力全球每一人、每一组织，成就不凡。新的使命愿景打破了微软原有的思考边界，重新在云时代站了起来。

02

如何提升人力资源对业务的认知

　　企业或业务部门的负责人往往对人力资源部门及其伙伴普遍存在一个偏见，就是人力资源部门不懂业务，认为人力资源伙伴不理解他们，不能给予其足够的支持，人力资源部门的很多作为和做法并不能得到业务部门的认可，这在某种程度上形成了业务部门和人力资源部门之间的不信任壁垒。

　　对事物认知的鸿沟并非简单地由一方的原因造成，企业或业务部门对人力资源部门往往存在一些认知偏差，业务部门会认为人力资源伙伴对他们的限制太多，总是拿着公司的政策制度施压，即使是合理的限制；认为自己既然对部门业务的最终结果负责，那就应该自己做主；认为人力资源部门对一线不了解，建议和想法不符合业务情况，不懂得变通，等等如此。这些情况是否存在，笔者认为是存在的，任何事物都有其两面性，人力资源部门会认为业务部门做事情不长远，往往只知道攻山头，不知道建组织；认为业务部门招人过于完美，提出的人才画像往往是要能"上刀山下火海，上得了厅堂下得了厨房"的全能型人才。消除双方的鸿沟，要有人走出第一步，与其我们不切实际地想去改变别人，不如先从改变我们自己开始。

要想提升人力资源伙伴对业务的认知，首先要知道为什么会产生以上这些问题，为什么关于这个问题，同是职能部门的财务部门，相对诟病会少很多，差别在哪，接下来，不妨进行一下对比。

多年来，笔者在和人力资源伙伴、业务负责人的工作接触、观察、沟通过程中，总结提炼了几个共性的问题，通过对问题的识别和研究，自然就能找到解决的方法。

缺乏数据意识和深度分析的能力

不少人力资源伙伴对经营情况认识不足。其普遍停留在销售收入、利润、利润率、人工成本这些相对比较宏观的经营数据的认识上，而对细分的产品线或区域的具体经营情况、重点产品的成本结构、人工成本占比、人均产值分布，以及这些数据趋势分析和对标分析等内容，往往不能做到信手拈来；对更进一步的内外部经营情况的深度挖掘和分析更是很少有人能够做到。经营数据的分析和理解是我们走进业务、深入一线的基础，否则去了也只是走马观花，到此一游。

企业或业务负责人在日常的工作交流中，往往就会谈到具体的业务状况、经营数据以及对其趋势和影响的判断，如果人力资源伙伴平时有所积累、关注和思考，就很容易和业务负责人达到同频的效果，这样双方就有了沟通的基础，但是人力资源伙伴没有积累，往往会被问蒙，或者接不上话，这样就不容易建立对话的基础，更别谈信任感。

除了经营层面外，还有人力资源层面，比如人均效能类数据、人才类数据等，包括企业的人才厚度、各个业务、职能条线现有干部的胜任度，是否具有后备人选，人选的基本情况、准备度如何，这些数据大部分人力资源伙伴是可以做到了然于胸的，这也是我们的基本功。

对于经营层面，大家可以通过企业内部运营系统或财务条线熟悉经营状况，掌握第一手数据，同时多参加企业业务分析会，外部行业研讨会，阅读同行业上市公司年报、证券公司的行业分析报告等，借助专业人士和权威报告来掌握行业发展的趋势以及分析的方法和维度；对数据的掌握以及分析，目的是深化我们的人力资源工作，找到和解决企业存在或未来可能出现的问题，所以我们要把对经营的分析和发现的结果运用到人力资源规划和年度工作计划中。

对于人力资源层面，现有的一些人力资源系统未必能完全满足企业的需求，我们也可以自己建立数据库，把企业或业务负责人关心的人力资源及周边问题转化为数据，通过数据与历史数据去对比，发现变好或变坏的趋势；与标杆去比，发现自己的优势项和短板，找到提升点；与目标去比，发现是否达到预期，找到影响的障碍。基于数据的分析结论，我们需要深入业务一线寻找数据背后的原因，这样才能发现问题的本质，才能找到解决问题的办法。

所以人力资源部门去一线，下市场，一定要先做好这个区域的经营数据和人力资源数据分析，带着这些问题、困惑或预判去一线，去验证自己的判断，找到解决问题的方案。数据以及对数据的分析都是手段，只有发挥手段的作用，解决了组织或业务的问题，才是有效的；掌握数据却不能发挥数据的作用，则只是数据的搬运工或者保管员。

对业务知之不深，浮于表面

对企业经营业务的理解，说得明白一点就是看清企业如何创造价值的过程，这是一个企业如何提供产品或服务，满足客户需求，并获取客户资金的过程。在这个行业里面与竞争对手有何差异，各自的优势是什么，客户为什么选择你而不是竞争对手，或者为什么选择竞争对手而不是你，客户看重的到底是什么，用商学院的语言来解释其实就是运用各类分析手段和工具对产业、行业、企业及其周边进行分析、判断，以及企业如何实现利益最大化。常见的工具有价值链分析、竞争战略和策略、商业环境分析、竞争态势分析、4P分析、商业画布等。

很多人力资源伙伴熟悉的是自己公司产品的研发、生产、销售的情况，这些是点、线的认知，并没有形成比较系统的、全面的、深度的面的认知，对业务知之不深，浮于表面自然也很难挖掘到有价值的、对业务发展有影响的人力资源问题，我们需要把自己放在整个商业的框架内去看企业各个系统在这个市场运作过程中的作用。站得高，看得就透和远，也不会陷入日常琐事困扰中。

怎么去形成此类认知呢？笔者认为个人和组织需要做到以下四点：

● 树立自信心

往往很多人认为隔行如隔山，人力资源伙伴因为专业不同、职能不同，如果想对业务有深度的理解会有一定难度，但我不这么认为。实际上通过商业的训练以及一定时间的阅历积累，我们是可以快速熟悉企业业务的。商业训练，主要是商业系统分析工具的学习和实践，它是众多管理科学理论和实践的经验积累，这是非常有价值的，掌握工具可以达到事半功倍的效果，当然我们不能被工具所控制，唯工具论是不行的，要学习方法论产生的背景和背后的逻辑，这样才能因时、因地制宜地进行运用。在商业环境里，洞察力是非常重要的，具有洞察力的人能看到复杂信息背后的核心点、复杂关系背后的主线，这方面是需要一定实践的阅历积累的。笔者的方法就是持续地做分析，尝试自己去独立判断，确认自己的判断结果是否和成功的企业负责人一致，然后找偏差，越是和商业高手一起共事，越能训练出自己的商业洞察力。

同时恰恰因为我们并非具体从事业务实际操作工作，我们不会在思想上受到历史经验的禁锢和限制，往往旁观者清，看得更为通透。所以人力资源伙伴要有这样的自信心。

● 深入一线

在市场上最好的老师就是客户，客户对你的刁难和考验都是一种成长。去客户那里，了解和挖掘客户的需求，为什么这个需求对他这么重要，背后的商业逻辑是什么；这些需求市场上能否实现，我们能不能实现，如何实现，对我们现有的研产销运营体系会带来什么样的挑战，需求实现后对客户的改变是什么，人力资源如何推动组织实现这样的变革或转型。这一系列的问题，要从客户中来到客户中去，一切问题的根源都要回归到如何实现客户的真正需求上。

成功的人力资源伙伴都比较喜欢和市场、销售部门打交道，和他们一起去见客户、跑市场，参加行业会议、业务会议等，这些是他们掌握业务密码的渠道。所以如果你是新来的人力资源伙伴，起初三个月要与销售一起工作，熟悉客户、熟悉业务、熟悉组织。磨刀不误砍柴工，他为你带来的价值是巨大的，会让你在后期推进的人力资源工作成为有源之水。而如果你是老员工，一定要养成每季度去一次前线，倾听一线的炮火声，这往往比你坐在办公室写方案更有价值,更能带给你灵感和触动。

● 系统管理理论和方法论的学习

在西方的管理学发展过程中,其实形成了比较系统的管理理论和方法论,人力资源管理是一门科学,它是经过实证研究不断发展和完善的学科。因此人力资源伙伴要巩固自己的专业根基,对人力资源管理及组织管理理论和方法论要有系统地学习,这样我们的任何人力资源举措才不是无本之木,而是建立在扎实的理论基础和企业独特管理情景上的。学习理论不是一件简单的事,要了解理论形成的背景、假设、过程、结论。这样才能对理论有深度的理解,在面对企业实际场景时,才有灵活运用的基础,而不是简单地照搬照抄、僵化机械地运用。中国革命前期的很多曲折就是因为没有很好地理解马克思主义思想,没有联系中国具体的国情,机械僵化地运用马克思主义思想指导中国的革命实践,导致我们走了一些弯路。事实证明,后来的胜利也正是因为我们能够理论联系实际,从中国具体国情出发,做好了马克思主义思想在中国的落地、实践,形成了马克思主义中国化的理论成果。

在世界经济发展的环境下,涌现出一批顶尖的咨询顾问和大学教授,他们在理论和优秀实践的指导下,形成了很多经典的方法论,比如迈克尔·波特教授的五力分析模型、价值链分析模型,罗伯特·卡普兰教授、戴维·诺顿的平衡计分卡、波士顿矩阵法等。这些方法论在很多大企业的经营管理工作中发挥了作用,当然也可以用于指导我们的工作。

● 人力资源团队结构多元化

早期国内企业的人力资源团队正规军很少,感觉什么人都可以做,随着外资企业的进入,带来了先进的人力资源管理理念,尤其是后来国内优秀民营企业的崛起，让大家看到了人力资源的价值，人力资源团队也越来越专业化，很多伙伴都是科班出身，这对提升团队专业度是有帮助的。大部分人力资源伙伴都是一直从事本专业工作，导致人力资源部门的人员结构比较单一，物极必反，在强调专业化的另一面，往往是忽略了多元化元素，结构单一的组织往往在视觉和格局上会存在短板。

所以在人力资源团队建设过程中，我们需要刻意地打造多元化的团队。多元化团队成员，除了本身具有人力资源专业背景出身外，还应该增加有业务背景的团队成员，或者其他职能，比如有财务背景的。这里有两种方法可以学习和借鉴，一是在企业干部管理中，增加中高级管理干部轮岗要求，鼓励一些年轻的高潜的业务骨干到人力资源部门轮岗，承担某业务HRBP（Human Resource Business Partner）负责人岗位，再给其配置一个专业HR作为副手，匹配起来非常好，既有业务的语言又有人力资源的专业支持。但往往业务条线人员很少愿意来人力资源部门长期轮岗，所以要想推进，需要企业高层达成共识并且有制度支撑，比如有些企业规定，中层升职到高管之前必须要有两年以上的跨职能轮岗经验，将人力资源等重要职能部门轮岗纳入高层接班人培养方案中；二是在招聘的环节，可以主动寻找与企业业务相关专业的毕业生，比如医药行业的医学、药学专业，3C行业的机械电子专业，他们通过四年专业的学习，具有快速熟悉业务的基础，上手很快，在人力资源领域成长速度往往比人力资源科班出身的人更快，很容易找到和业务同频的语言。我们曾经招聘过一位药学毕业的人力资源毕业生，在做了两年的招聘职员后，我们就请她做研发条线的HRBP负责人，专业背景可以让她和研发同事很快建立信任关系，也比较容易抓住研发项目中存在的问题，并用人力资源的方法帮助研发负责人解决人员和组织的问题。不到一年，她就做到了集团下属企业人力总监的位置，成为当时集团最年轻的人力资源部门负责人。这样的人才，对于人力资源组织内部也是非常有帮助的，她可以用通俗的语言给大家普及一些业务专业的内容。这样背景的人才多了，整个人力资源团队的业务味道就会很浓，对业务的嗅觉也会更敏锐，人力资源部门内部会形成知识和经验的碰撞与融合。

一人计短，二人计长；个人通过下基层走访一线、学习分析业务的方法论、培养数据思维等来提升个人的业务认知，组织可以通过结构优化来提升整个人力资源团队的业务认知水准。最重要的还是要有自信心和持续学习的意识，"世上无难事，只怕有心人"。

03

如何激发组织活力实现脱胎换骨

　　笔者在和很多企业高管沟通交流的过程中，都会遇到这样一个问题：如何激发企业的活力，助力企业转型。为什么这些企业高管会有这样的困惑呢？通过对一些优秀企业的调研和走访，我们发现这类企业普遍存在一些共性的特质：

　　企业至少有 10 年以上的发展历史，它们抓住了中国改革开放及世界全球化的机遇和红利，企业得到了快速的发展和扩张；曾经是某个细分行业的佼佼者，甚至是明星企业。行业利润率高，竞争压力小，为企业带来了丰厚的市场回报；进入 21 世纪后普遍面临转型的困难。企业在原有细分行业遭遇困境，遇到各种挑战，新的竞争对手、新的竞争产品层出不穷，竞争越来越白热化，利润越来越薄，新拓展的产业尚未有能力承担重要角色，对企业整体利润贡献不足，正所谓老的扛不住，新的起不来。

按照李善友教授的观点，这些企业往往处于非连续性增长的困境中，试图从第一曲线向第二曲线切换。

企业在寻求突围中，始终感觉自己没有组织活力。所谓组织活力是指组织在现有的内外环境下自我生存、自我发展的能力。在华为的战略务虚会上，任正非就提出："组织充满活力，既要能够使得大致正确的方向得以贯彻执行，也要善于自我批判，使得一旦方向脱离大致正确后，能够及时纠偏。在知识爆炸、行业快速变化的今天，充满活力的组织要让领袖听得见来自各个层级的声音，吸收全组织的精华，以保证持续维持大致正确的方向。"可见组织活力对企业的重要程度。

组织缺乏活力往往有两个重要表现：能力意识跟不上和组织机制不配套。

能力意识跟不上

一些和企业一起成长的员工习惯了原来成功的模式，形成了强烈的经验主义，随着业务的发展，对新理念、新业务、新产品、新工艺、新方法往往持有排斥心理，不愿意去学习很多前沿的内容，总是认为原来的是最好的，是经过实践检验过的，这就犯了经验主义错误；所以很多时候，老员工和新员工之间、求变的管理干部和守旧的管理干部之间的沟通和互动往往不在一个频道上，导致企业的一些战略和管理措施贯彻不下去，阻力很大，破局和变革的内部成本很高。

我们在企业招聘的时候要非常关注候选人的学习力和迁移力，这两个能力不仅对个人成长，而且对组织发展也越来越重要，当组织中有一群学习力强、善于运用各种场景进行迁移应用的人，往往更容易创新、变革和接受新技术、新理念。在内部晋升和提拔的时候更要关注这两项能力，有些企业一方面抱怨组织活力不够，另一方面又在提拔思想意识守旧的老员工担任各部门管理干部。

组织机制不配套

一样的思想，一样的舞台，怎么可能会有新的表演呢？企业在文化指引、机制保障上未能有所突破、改变，企业缺乏与新环境、新挑战所适应的新机制、新理念，这会导致新人来了要么掉进大染缸，要么因为不适应选择离开。而缺乏应对这种落差产生冲突的管理机制，容易对企业造成创伤。如何建立让员工发挥价值的平台机制尤为重要，让优秀的人可做事、敢做事，做成事并给予高额激励，这样才能在企业内树立正确的导向，带动一部分中间的人向优秀靠拢。

同时企业内部也缺乏人员退出机制，不能够及时清理一些占据高位但思想意识跟不上业务和组织发展要求的人员。热力学第二定律讲道，在一个封闭的系统中，自然社会的规律是高温总是自动向低温转移，并最终达到温度相对均衡，这种均衡状态被称为"熵死"，这个过程就是"熵增"，组织持续在熵增的过程中，直至消亡。所以组织需要不断进行熵减，以提高组织对外开放、激发内部竞争的程度。

组织活力不足，归根到底其实是由企业战略与组织能力不平衡产生的，那么作为企业管理者来说，我们可以借鉴杨国安老师的杨三角理论，从四个方面系统地去思考问题，去激发组织活力。

● 注意组织能力与战略的双向关系

我们一般是基于企业战略需要识别组织能力，进而考虑如何提升组织能力的，但是针对转型中的企业，我们务必要判断当下组织能力与期望组织能力的差距，组织能力的提升或改变不是一蹴而就的，如果差距过大，要么根据企业当下所具备的组织能力调整战略，集中发挥自己的优势、长处，逐步补上自己的短板，要么在现有组织外重新构建一个新的组织独立运行。

你想把拖拉机上的发动机放到汽车上，以实现时速120公里的目标，最终结果可能就是车毁人亡。业务和组织的匹配性很重要，很多企业新业务为什么会失败，就是忽略了这一点，过分自信原有团队的变化，往往习惯用老团队去拓展新业务，认为他们忠诚可靠，对企业熟悉，结果注定是失败的。不同的经验背景、不同的行业基因对团队和业务的影响很大。一些实体企业在面对电商业务拓展的时候，往往也想着用自己内部的人先去试水转型，减少变革成本，殊不知，这才是最大的成本。包括内部人员的学习成本和时间成本，以及其带来的机会成本；更为重要的是他们的失败概率比电商专业团队更高，同时带来的破坏力更大，因为他们的失败往往会影响企业对新业务的投入，影响企业的业务布局。新业务要想成功，需要找到匹配新业务发展的、具有新业务基因和经验的新团队。同时在组织结构、制度流程、激励考核等方面实行特殊化，一切以适应新业务的发展为前提，不受企业原有框架和体系的束缚。

● 共同奋斗的激情和意愿来源于参与和分享

企业目标的制定有没有让员工参与，收益分配有没有让员工参与，重要项目评审有没有让员工参与，荣誉和挫折有没有和员工分享……唯有让员工参与进来，员工才能和企业融于一体，才能产生为实现企业目标而奋斗的意念。

形成参与和共享的机制的方法有很多，可以通过管理层群策群力、座谈会、组织诊断、360°反馈、客户拜访和反馈、项目跟投、利益分享、股权激励等方式去打造。方式、方法有很多，建立参与和共享机制的基础是分享之心，这才是最根本的，企业的价值观提倡分享、共享，企业的经营层具有分享之心，那么就会有很多的方式、方法可以去帮助他实现，如果没有分享之心，这些方式、方法就会走样，就会变成一种披着"团队分享"皮的"团伙分利"。

最好的参与和分享机制其实是大家对企业使命和愿景达成的共识，是对事业和发展平台的共享，所有人都把企业的使命和愿景化为自己职业追求的一部分。

● 建立流畅的平台机制要靠铁腕和流程

优秀公司的企业文化之所以能发挥价值指引、激发企业活力的作用，靠的是背后严格的平台机制支撑，没有平台机制支撑的企业文化都是纸老虎。

流畅的平台机制需要打破企业垂直、水平、外部的边界，企业通过高度授权、跨部门虚拟团队、新产品开发流程、知识交流和管理平台去打破内外部壁垒；通过委员会、项目团队、工作小组等协调性组织来减少个人作用因素，建立团队治理模式；通过轮岗、交流学习等人才培养机制把不同职能的人流动起来，减少本位主义。建立和运作这样的平台机制离不开企业决策层的铁腕手段，对不遵从治理方式、不按制度流程办事的人零容忍。"慈不掌兵，义不理财"，决策层必须要有这样的意识，对个别人或小团伙的容忍就是对组织最大的伤害，对全体员工最大的不负责任，同时决策层自己也要按照平台机制的规则办事，不能成为践踏规则的突破口。

同时平台机制也要形成开放的格局，需要定期去回顾和检讨其运作情况，及时进行更新和优化，更要敢于自我革命，使其始终保持活力和战斗力。

● 一群 60 分水平的人交不出 90 分的试卷

大部分企业都能比较好地意识到企业的短板和希望提升的组织能力，可往往经过一两年之后，发现短板依旧是短板，还是没有自己的组织核心竞争力。改变很难，其中有一个很重要的原因就是没有人才。

企业要想在某些组织能力方面实现快速提升，一定要找到人才，这样的人才可以很快地把 60 分水平的人带到 80 分，甚至 90 分。这就比较符合 721 学习原理和成人学习规律，70% 的学习是靠在工作中学习，和人才一起工作，去完成各项挑战性的任务，自然就更容易获取想要提升的能力。这样的人才到哪里找？去标杆企业找。

有了人才，就像给江河构建了高高的护栏，这时候还要进行挖淤的工作，持续将能力跟不上、价值观不匹配的人进行汰换，这样才能清水长流，汰换的过程也是为人才持续发挥作用扫清障碍。

人力资源部门通过任职资格标准、人才测评、人才盘点、人才发展等工具和方法进行定期内部人才的管理，持续开展人才标准迭代、人才对标落位、人才汰换和培养工作，以人才标准指引人才发展，以人才汰换落实人才标准。企业之间的竞争是人才的竞争，更是人才管理的竞争。

很多优秀的企业，比如华为、汇川技术等，都在通过这样的组织体系建设去激活组织活力，保持基业长青的，这也是它们持续发展、快速增长的利器。

04

如何实现上下"力出一孔，利出一孔"

　　每年第四季度都是各企业开展下一年度业务规划和预算的时候，这个过程往往是一个各业务条线负责人和企业总部博弈的拉锯战，每个业务条线都希望自己承担的销售收入、利润等各项经营目标低一些，各项费用支出多一些；而企业总部往往期望业务条线能够挑战更高的目标。于是通过一系列的业务沟通会、预算评审会、下行政指令等形式，在企业总部和业务条线之间达到一个所谓的平衡，但这恰恰错过了更为重要的工作，即忽视了目标和规划实现路径的讨论和沟通，忽略了如何激发大家挑战高目标的积极性和能动性。那么为什么会存在这样的情况？是什么导致了组织精力在关键事项上的错配呢？其实根源在于很多组织的利益分配机制不符合人性，造成了组织利益和个人利益存在冲突的现象，只有通过建立合理的、基于人性的利益创造和分配机制，以及科学的目标规划和执行体系，才能实现业务条线和企业总部、个人与组织的"力出一孔，利出一孔"。

现在大部分企业的利益分配机制采用的是目标考核制和提成分配制，目标考核制鼓励业务条线人员达成或超额完成考核目标，一般会设置目标奖金和超额激励奖金；通过目标考核制来考核和激励业务单位，势必存在被考核人想方设法降低经营指标的预算或者目标值，降低了基准线，这样他们才能增加实现目标、获得奖金的成功率。而提成分配制一般是直接根据完成的业务量按照一定的百分比进行奖金的分配，也可以设定一个基本的业务量门槛，超过的部分再进行提成分配，或者分段设置提成系数。提成分配制在新业务发展早期能够比较好地激励团队，当业务比较成熟了之后，则很难激发团队挑战更高目标，容易形成一批"小富即安"心态的人，这些躺平的人不仅自己不思进取，还会影响团队的氛围，同时提成分配制也会过度强化物质激励的作用，一旦物质激励的强度不能增加，员工的动力就会直线下降，所以在某种程度上，提成分配制是一种慢性毒药。

那么我们如何做才能在企业内实现"力出一孔，利出一孔"呢？我们将从以下三个方面进行阐述。

目标和业务实现路径自下而上，各业务单位各显神通

我们在设置下属企业或者业务单位经营目标的时候，一方面，很容易站在组织的高度下达、分解经营目标，看似基于行业的发展速度以及企业未来实现的战略目标，自上而下，实际上忽视了业务单位的自主性和能动性；另一方面，我们也要预防业务单位的本位主义，看不到公司整个业务的这一大局，毕竟局部要服从整体的统筹。好的业务规划工作是应该减少上下博弈的时间

成本，增加大家在价值创造过程中的时间投入。

合理的业务规划和分解一般采取三步骤。

第一步，召开碰撞会，比如规划或预算会前会，一方面传达企业收集的内外部的市场、行业、竞争对手的情况以及自身的战略定位和设想，另一方面听取各下属业务单位汇报他们对明年经营形势的判断以及业务面临的挑战和机遇；让各业务单位明确知晓上级单位的战略构思，同时上级单位也需要了解前线第一手信息。这一步的重点在于实现信息上下同频。

第二步，各业务单位组织内部讨论碰撞，确定第二年业务实现的业务目标和实现路径，这个讨论往往会在内部经过好几轮，甚至可以邀请上级单位或外部的业务专家，重点在于激活大家的思想火花；业务单位需要花大量的时间去思考如何实现更高的目标，目标本身没有科学性而言，也没有合理性而言，他们之所以愿意挑战更高目标，那是因为业务目标的增长和业务单位的利益增长相捆绑，而不是冲突的。越是挑战性高的目标，越是需要颠覆以往的业务实现路径，思维越是开放，越容易发现更好更快的实现路径，更容易提高业务经营目标。笔者曾经服务过的企业中，达到 50 亿元以上还能保持 50% 的增长，到 100 亿元以上还能保持 30% 的增长；而有些企业有 10 亿元左右的规模，每年却只能有 10% 左右的增长。低增长的企业管理人员往往思维僵化，脑子里存在一万个不可能，而高增长的企业管理人员的思维里面往往存在着一万个可能。也有这么一家企业，每年销售体系开第二年业务规划会议的时候，会期一般在一周左右，这一周每天都是开到深夜，每天都会有一些新的思想的碰撞，新的行业线推进、新的产品组合方案、新的销售铁三角组织建设、新的业务攻克打法等都是在这些规划会上形成雏形；而组织、人才、业务、文化上的突破激发了提出更高挑战性目标的积极性，同样很多优秀的干部也是在这样的会议上得到展现和曝光的。

第三步，组织上级单位和业务单位召开汇报会，上级单位往往在资源整合上给予支持，明确集团或企业的战略资源向哪些业务单位倾斜，确保更高目标的达成。前面两个会开好了，这个汇报会就很容易进行，大家谈的不是目标多少，而是如何支持他们实现目标，需要多少资源，通过资源的投入提高对目标的要求。

所以要想上下级业务单位少发生目标扯皮的无效内耗，就是要做到目标和业务实现路径自下而上，各业务单位各显神通，让上级单位的组织利益和下级单位的个人利益不冲突，相互捆绑，成就组织的同时也是在成就自己，通过机制来激动人心，而核心就是组织的利益分配机制。

利益分配不基于目标而基于增量，粮食打得多，钱就分得多

如果我们的激励机制是基于既定的考核目标，那么必然会导致大家都想目标少一点，这是人性使然，所以企业的利益分配要基于预算年度新创造的价值，也就是增量。达成存量，发放保障性奖金；达成增量，发放激励性奖金。这样的方式既摆脱了大家对目标是否合理的质疑，同时也避免了平行各业务单位之间的公平性出现问题。

对于存量和增量奖金的具体设置，需要考虑行业发展和空间的难易大小。针对快速发展的行业，有诸多未占领的市场，往往在利益机制设置上采用存量奖金打折和增量奖金增速的方式，鼓励大家不断抢地盘，避免有人因为行业的红利，躺在以往的功劳簿上享受利益，不思进取，否则他们可拿到的利益是越来越少的；针对市场已经被蚕食无几，竞争白热化，需要从对手嘴里抢食的行业，一般建议存量奖金不打折，增量奖金增速的方式，因为这个时候守住业务地盘也很重要，防止被竞争对手吃掉的同时还要确保有一定的增长。

企业在制定利益分配政策的时候，要弱化存量激励的导向，增强增量激励的导向。存量激励的导向往往让业务单位倾向于守江山，守住现有客户；而增量激励的导向往往让业务单位倾向于打江山，多打粮食多分田，没有增量，他们就没有额外的高额奖金，存量带来的利益也会不断减少。

华为的优秀实践，即建立薪酬总包的弹性管理机制

所谓薪酬总包就是根据销售收入和贡献利润共同产生的，收入和利润的增减会影响薪酬总包的大小，各业务单位只有扩大自己的收入和利润，才能增加薪酬总包，如果业务在萎缩，薪酬总包减少，那么就要减少人员，减少奖金，这样企业快速发展的组织利益就和个人利益深度地捆绑在一起了。

华为薪酬总包 =（收入 × 收入系数 × 权重 + 利润 × 利润系数 × 权重）× 难度系数 + 战略粮食包

华为通过这样的弹性薪酬机制，让个人利益和组织利益深度同频，要想拿得多，就要业务增长得快，通过机制激发了每一个华为人，这也是华为业务快速增长的武器，值得我们很多企业的人力资源部门学习。

这样的机制看起来不复杂，那么为什么很多企业学不会，用不好呢？根源在于缺乏狼性文化。没有狼性文化作为支撑，是无法通过这样的利益机制去激活员工挑战高目标的，也缺乏机制落地的土壤。狼性文化从何而来？核心在于人，要有一批有着狼性文化基因的人才火种，通过这样的火种影响一个团队，在这样的团队进行机制试点，取得成功后，将这样的火种和机制复制到其他团队中。在这个过程中，组织一把手的支持尤为重要，坚定和坚持，

方能取得最后的胜利，在此过程中不可避免地会进行相应的人事调整，进而引发一些组织变动。只有经过阵痛，组织才能重生。破坏组织的力量往往不是来自外部，而是来自内部，外部的力量往往让组织更团结和强大，而内部的思想不一致反而是最大的破坏力。"力出一孔，利出一孔"，思想共识就是这个重要的"一"。

05

如何破解管理者和团队的认知狭隘

　　每个人都有认知边界，管理团队也是如此。一旦管理者或管理团队达到认知边界，往往会变得自以为是，对事物充满偏见，把自己变成某个领域的最高点、权威，形成危害性极大的认知狭隘，看不到外界快速发展的变化，无法接受新理念、新方法，以一己之力限制了组织的发展。这样的人或团队越是在关键岗位执行关键业务，越是管理层级高，对组织的伤害就越大。《淮南子》中有一句话说："至是之是无非，至非之非无是。"就是让人们不要拿狭隘的认知去衡量一个相对客观的世界。

不可能、做不到！

　　在每年业务目标分解的时候，当企业谈到一个更具有挑战性的业务目标时，认知狭隘的高级管理者往往不是去考虑如何实现策略、需要什么样的资源支持，而是"不可能""达不到"，列出一系列做不到的"客观原因"。一个高级管理者一旦有这样的认识，那么传递到下面，更是加剧了这样的负面情绪的产生。而一个优秀的高级管理者面对更高的，甚至不可能的目标时，想到的是如何突破自己，希望能得到什么支持，在这样的正向带领下，组织成员会更倾向于献计献策，全力以赴，体现一种不达目的誓不罢休的啃硬骨头精神。那么，这两个组织的氛围也截然不同了。

当你看到组织中有人以"不可能""我们做过，在我们这行是行不通的""我们现在的方法已经能满足了"等信息来回应他人的新想法、新观点、新目标时，我们可能要小心了，这就是认知狭隘，它不仅会让企业错失了一个又一个可能对组织有帮助的好想法，难以实现组织目标的突破，同时也很难留住优秀的人才，让企业与外界距离越来越远，这样的认知狭隘尤其容易发生在以往比较成功的企业中。

中国政法大学罗翔教授曾经说过，一个知识越贫乏的人，越是拥有一种莫名其妙的勇气和一种莫名其妙的自豪感，知识越贫乏，你所相信的东西就越绝对，因为你根本没有听过与此相对的观点。夜郎自大，是无知者和好辩者的天性。

变化太快，计划不了！

另外还有一种管理者的认知狭隘，总是认为自己负责的业务所处的市场环境变化太快，对手变化也快，因此自己的很多业务工作是没法做规划或计划的，只能走一步看一步。这也是一种认知狭隘。我们不可否认，面对复杂多变的业务环境，我们的业务策略是需要随时进行变化和调整的，但这并不表示我们的业务战略就要随时发生改变，在一定时间，我们的业务战略和方向是相对稳定的，变化的往往是具体的打法、具体业务开展的方式，这是两个不同层面的特性。

所以当我们的管理者无法对自己的业务进行系统的规划，总是以变化来抗拒规划或计划时，那么这也是一种认知狭隘，是对规划或计划的认识不足，没有看到规划或计划对我们系统思考、系统认知业务的重要性，而是只看到"变化"对组织和业务带来的冲击以及要对原有计划的调整，恰恰是因为没有全面的规划和计划，反而没有提前预判"变化"的到来和影响；恰恰是因为没有相对稳定的规划和计划，反而市场稍微的波动就让组织慌乱不堪。我们做规划或计划所强调的稳定性，并不是一种绝对的稳定，稳定是相对的，我们需要根据外部的变化，不断地迭代我们的规划和计划。过去很多企业每年做一次年度经营计划，三年做一次大的战略规划，而现在不少企业尤其是互联网行业、新兴技术产业等，6~9 个月迭代一次年度经营计划，15 个月左右完成一次战略规划。在 VUCA 时代，我们依然需要规划和计划，不过是一种迭代更快的规划与计划。

每个企业都或多或少地存在这样的现象，那么我们如何帮助管理者和管理团队破局，以减少其带来的负面影响呢？以下将从四个方面进行说明。

开阔眼界认识差距

很多人之所以犯认知狭隘的病，一个很重要的原因是没有见过更好的，就像刘姥姥进大观园一样，大观园里的丫鬟们并不一定比刘姥姥们聪明，仅仅是因为她们一直在这样的一个环境里面，见得多了。所以企业一定要让管理干部和核心人才多一些"走出去"的机会，到标杆企业去参观、学习和交流，不局限在自己的行业、地域里面，要进行跨界。制造企业要去互联网企业参观，学习创新管理、产品管理；创办医院的企业可以去酒店参观学习服务管理、客户管理；民营企业要去外资企业，参观学习如何建立规范化的管理和流程建设。甚至可以走出国门，如制造行业可以去德国参观，我们就会知道我们的机械化、智能化和数字化水平和德国的差距。每个国家、每个行业、每个企业都会有它的闪光点，学习别人的长处，拓宽自己的视野。

我们人力资源团队更应该和其他优秀企业同行多多交流，了解其他企业的人力资源团队都在思考什么、做什么，如何践行人力资源的价值，如何提高人力资源的话语权，如何支持、推动业务的发展，这样往往能看到我们自身的不足和前进的方向，习得更好的优秀实践，这也是帮助自己和团队快速成长的一个方式。同时参加各个行业的峰会、论坛也是比较好的方式，可以让我们了解当下前沿的发展趋势。

走出去学习，回来怎么改变呢？很多人出去学习时信心满满，回来后则又回到从前。这里分享两点经验，第一点是每年的学习方向要有重点，不要"全面开花"，这样容易散，比如今年我们重点学习华为的管理方式，那么围绕这个主题选择多种学习方式和形式；同时在学习人数上要逐步形成规模，有一定团队覆盖面，这样就会让拥有新思想的人不孤单，相互之间可以形成共鸣，共同发声也会有影响力。第二点就是学完后要组织学习者进行专题汇报，扩大信息覆盖面，同时要求学习者学有所思、学有所用，从点到面，从部门到总部，建立团队对新事物的信心最为重要。

新血液稀释旧血液

从事人力资源管理，会定期审核企业核心群体的结构，比如学历结构、年龄结构、内部培养晋升的比例等，也要关注有多少比例管理人员和核心骨干是来自外部招聘的，有多少比例人员是内部培养的。

内部培养晋升很重要，说明企业比较注重人才发展，内部培养的人才往往忠诚度更高，对企业也更熟悉，但比例如果过高，容易产生另外一个问题，即思想、认知、能力的同一化，这不利于企业管理干部团队碰撞出新的火花。另外在内部培养晋升上，还容易出现一代不如一代的现象，尤其很多企业缺乏人才标准、评价手段，选出来的人才在综合能力方面与外部同岗位任职人员往往相差较大。

缺乏人才标准牵引的人才管理体系、一味形式上重视内部人才的任用，往往是企业人才管理甚至业务管理走向平庸的慢性毒药。

所以企业在开展内部人才培养的时候，一定同步开展外部优秀人才的引进。外部人才的引进可以发挥鲶鱼效应，使内部人才产生危机感，激发自我成长的动力。更为重要的是，优秀的外部人才往往会带来新的管理理念、市场意识、技术创新观念，外部人才初到企业，对企业的不了解有时也是一种优势，不会受到固有认知的束缚，可以大胆地提出新的见解和想法，尝试新的创新，采取一些原有内部人才不愿、不敢、不想做的行动，会促进企业组织内部的新陈代谢。

人力资源部门要主动承担人才引进的重任，优秀的企业负责人更是把招才引才当作企业发展的头等大事。我们不仅要把优秀的人才引进来，同时还要注重人才的考察，尤其是在试用期阶段。面试阶段所采用的评价手段还是具有一定的局限性，当人才到企业真实的业务和人际环境中时，我们才能看到比较真实、客观的一面。试用期的考察还不同于面试，我们不能简单地把自己当作面试官，我们要本着对人才负责的精神，帮助其尽快熟悉公司、业务，帮助其进行工作上的资源协调，甚至要帮他站台，我们要把帮助人才成功作为我们的理念。如果在这个过程中，我们发现他的做法、理念和企业存在不一致时，要及时沟通反馈，帮助新人和团队、企业进行磨合，建立同频共识，当然也要注意，必要时需要及时止损，尤其是价值观上的不一致出现时。

有些企业负责人一旦发现优秀的人才，往往会捧得太高，在大会小会上都把这个人亮出来，急不可待地赋予这个人很多的职责和任务，可一旦在做事过程中发现落差，又很快对此人给予否定。作为外部引进的人才，一开始不建议捧得太高，容易捧杀，不利于他融入团队，授权赋责也是一个渐进的过程，要帮助他逐步了解情况，工作责任持续加码。这样更有利于他的成长，对企业也是一种负责任的态度，一般情况下3~6个月可以看出此人能否胜任。

当然优秀的人才更要能留得住，如何给予其更好的平台、机会、薪酬、氛围都是我们需要考虑的。在这方面给企业提出两个忠告，那就是注重贡献和舍得付出。企业未来三年的发展状况如何，主要是由企业的人才质量决定的。

思想建设不能少

思想建设不能忽视，它是实实在在的一个组织与干部建设的法宝，只是不少企业在实际运用的时候将其流于表面，流于形式。华为能够持续成长离不开企业的思想文化建设，这也保障了华为人始终不偏离主航道。

批评与自我批评一直是华为人思想建设的重要利器，从2000年华为举办的"呆死料大会"、2012年华为部分BG业务领导被公司颁发"从零起飞奖"、2018年针对经营管理不善领导负责人的问责，包括任正非在内的责任人都进行了通报问责和罚款。"烧不死的鸟是凤凰"，任正非曾在会议上讲道："摩尔定律的核心就是自我批判，要通过自我批判、自我迭代在思想文化上升华，去践行人生的摩尔定律。我们信心百倍，英雄万岁，青春万岁，敢于改正缺点和错误的人青春永存。"

优秀的企业领导人都具有强烈的危机感，危机感的形成和应对同样也是一种思想建设，比尔·盖茨说微软离破产永远只有 18 个月；张瑞敏说自己每天的心情都是如履薄冰，如临深渊……这些无不是充满了危机感。2001 年冬天，在整个通信行业发展较好的情况下，任正非发表了《华为的冬天》，文章中说道："10 年来我天天思考的都是失败，反而对成功视而不见，也没有什么荣誉感、自豪感，只有危机感。"他通过这篇文章提醒华为人保持清醒，不能为眼前所迷惑，不能盲目乐观，华为没有成功，只是成长而已。2022 年夏天，任正非在内部发表了《整个公司的经营方针要从追求规模转向追求利润和现金流》，文中表示：针对全球经济将面临衰退、消费能力下降的情况，华为应改变思路和经营方针，从追求规模转向追求利润和现金流，保证度过未来三年的危机；将活下来作为最主要纲领，边缘业务全线收缩和关闭，把寒气传递给每个人。

在思想建设方面，一把手很重要，做好思想工作不容易，要有思想高度，又要有较好的切入点，更要有持续性。常见的方法主要有高管务虚会、特定人群读书会、特定主题研讨会、专项作风整顿等。

有些企业每年针对企业高管团队都会有读书要求，比如《灰度管理》《黑天鹅》《反脆弱》等，选书往往和当年的业务环境及管理要求有一定关联度，读书心得体会在企业内部平台或者重要会议上进行展示、分享，高管们自然需要下一定功夫去深度阅读和理解，并与当前工作结合，既要有深度又要能落地，否则你的报告也上不了台面。

专项作风整顿也是常用的一种方式，抓住管理过程中的一些典型事件进行系统的整顿，前面讲的华为"呆死料大会"也是一种专项整顿的方式，任正非把由于工作不认真、测试不严格、盲目创新造成的大量废料，以及研发、工程技术人员因此而奔赴现场"救火"的往返机票成箱成盒地包装成特殊的奖品，发给了相关产品的负责人，激发他们对质量不合格的强烈羞耻感。也有企业针对"没有调查研究的管理干部随意发表无根据言论"事件开展"没有调查就没有发言权"的工作作风整顿，通过专题汇报、个人反思等形式来整顿工作现场和会议上不深入一线、不务实、不严谨的工作态度，起到批评一个人、教育一大批的惩前毖后的作用。

不换思想就换人

不是每个人都可以改变，也不要指望可以改变所有人，个别管理者的思想非常僵化，而企业的发展机遇往往稍纵即逝，等不了这样的人有所改变，这个时候就要考虑将此类人员放到不影响大局的位置上，减少他参与、影响企业发展决策的机会，进行一定程度上的物理隔离，排除在核心管理层，对个别自己不求思想进步，还要阻碍影响他人的管理者，必要时应从企业队伍中清理出去。在思想建设上一定要注意"争取多数，反对少数，各个击破"的原则。

企业不仅要能引进新血液，而且对于原有的人员也要有合理的退出机制，这既是对企业发展的一种保护，也是对曾经有过贡献但当下跟不上队伍发展的人员的一种保护。"杀伐决断"是一个高级管理干部尤其是企业最高负责人的基本要求，慈不掌兵就是这个道理。

很多企业对管理干部采用聘任制，这就是一个比较好的方法，聘任制有时间期限，比如1~2年，如果不合适，企业就可以不再聘任其为管理干部，但仍可以作为专业人才或者顾问继续为企业作贡献，做好自己分内的基本工作。

1996年华为对市场部进行了大调整，当时的华为应该说已经发展到了一定的规模，市场倒逼企业提升服务能力和技术水平，原有的一些办事处干部从意识到能力，已经跟不上市场、客户的要求，很多办事处主任成为企业发展的瓶颈，新人进不来、老人出不去，怎么办？任正非要求市场部所有办事处主任提交两份报告，一份是辞职报告，表明"如果自己的能力不能适应公司的发展需要，我愿意让出这个职位"；一份是述职报告，表明"如果公司继续让我担任这个职务，我要怎么改进，继续把这个工作做好"。这在当时引起了轩然大波，不是每家企业都能比较好地运用这样激进的策略，但是华为成功了。之后华为在 2007 年针对工龄满 8 年的员工也采用类似的方式，对公司老员工进行了系统的调整。

这样的方式虽然激进，但无疑为华为的阶段性发展带来了新的组织活力，树立了能上能下的人才理念。大部分企业未必能做到，但是却可以学习华为的竞聘上岗制，让有作为的人才上去，达不到要求的人员逐步消化。笔者曾经服务的一家处于快速发展的高端制造企业，当时为了更快速地适应市场和客户的需求，原有的区域化管理模式要向行业条线管理模式转型，就是采用公开竞聘的方式，鼓励区域管理负责人以及其他有意愿的研发、市场人员竞聘行业条线负责人，一半的区域管理负责人兼任区域和行业条线负责人，同时又提拔、招聘了一部分内外部优秀人才充实到新的行业条线管理岗位中，企业通过权责管理设计，强化了行业条线的业务管理职能，逐步弱化区域管理的作用，通过不到两年的时间就转型成功，企业的业务也获得了井喷式的发展。

知新、求变始终是经营管理团队的追求，唯有不断求变，我们才能在变化中求存。

06

如何通过组织效能管理
提高组织战斗力

　　为什么有些企业员工看起来执行力很强，效率很高，可很多时候却像无头苍蝇一样不知道具体在干什么，而有些企业领导者虽然市场洞察力很强，善于捕捉市场瞬间的机会，但是企业依然业绩平平？方向不对，跑得快"死"得也快；方向对，跑得慢也同样抓不住机会。优秀的企业往往是方向大致正确，组织快速有效，而组织管理的目的，也在于打造这样一个互相协作、有强大战斗力的团队以快速抓住市场机会，实现组织目标。我们评价组织目标实现的方向和程度，包括能力、效率、质量和效益，其核心就是组织效能管理，即组织资源的投入产出比，通过组织效能管理来提高组织的战斗力！

　　组织效能管理如何开展呢？我们可以通过四个环节的工作来推动和闭环管理。

建标

　　开展组织效能提升管理工作，首先要理解企业的业务价值链，哪些是企业期望实现突破的，这是组织需要关心的效能以及我们去如何衡量它。组织效能管理本质上就是资源的投入产出比的管理。为了有效地衡量资源的投入产出比，我们需要在组织内部建立相应的评价指标体系，通过评价指标来衡量组织效能是提升还是下降的趋势，影响组织效能的因素以及判断组织效能管理工作是否有效。

　　组织效能评价指标体系围绕经营层、运营层、人力层进行分层设计（如图3所示）。

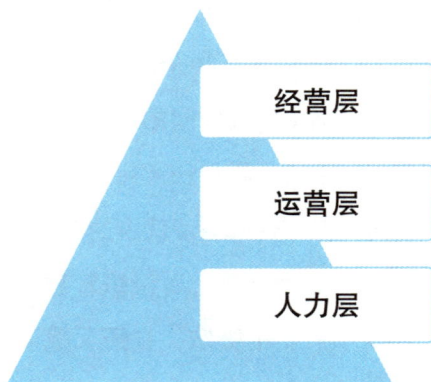

图3　组织效能评价指标体系的分层设计

　　经营层指标主要基于 ROE 指标进行财务拆解，ROE= 利润率 × 周转率 × 权益乘数。企业为了获得更好的收益率，可以通过提高利润率，比如企业通过提供高品质的产品或方案提高价格；也可以通过提高周转率，比如房地产企业缩短房产开发交付的周期；企业还可以通过增加负债水平来提高权益乘数。权益乘数提高了，同样的利润率和周转率水平，其 ROE 水平更高。不同的企业基于自身的策略和组织能力选择相应的组织 ROE 提升方式。相反，我们通过看行业和企业经营层指标数据，也可以推理出该企业采用的哪种经营战略方式（如图 4 所示）。

运营层指标主要基于价值链分析进行业务拆解，识别企业业务在价值选择、价值提供、价值宣传和价值实现几个阶段的关键业务动作，通过提高这些关键业务动作的效率和效益，或降低其关键业务动作的成本，来实现组织效能的提升。制造业常见的指标有销售单价、材料成本、库存周转、损耗等；互联网行业常见的指标有客单价、会员数、转化率、复购率等。

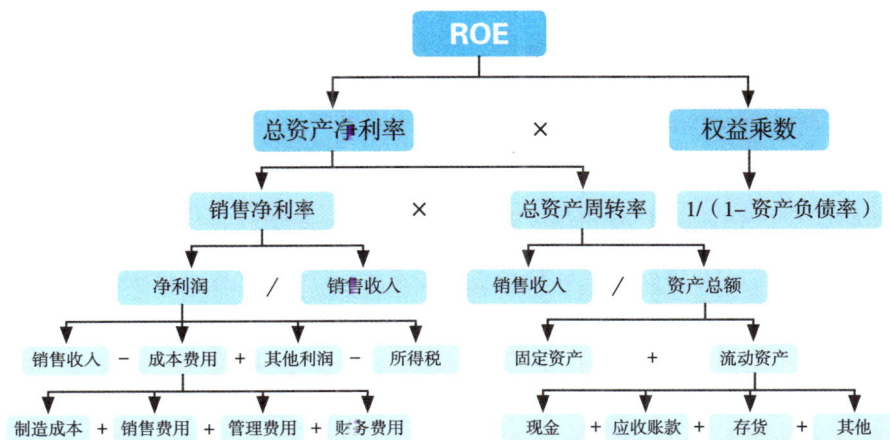

图 4　经营层 ROE 指标示意

人力层指标主要基于人力投入产出进行拆解，主要包括人均产值或利润、人工成本费用率、人力资本投资回报率、核心人才留任率等，也可以包括有些软性的组织层效能指标，比如组织能力评估分数、敬业度评估分数等。在人力层效能指标管理上，其关键前提就是所选指标的提升是否能支撑、帮助经营层和运营层指标的目标实现，否则人力层指标再高也没有意义。

建标的过程也是组织策略量化、数字化的过程，通过数字化牵引组织管理动作，同时也可以验证组织管理动作的成效。

对标

建立组织效能指标是为了发现组织现状以及与目标的差距，找到组织的成长机会点，这个过程就是对标的过程。

对标的核心是和谁对标，如何对标。我们常见的对标主要有两种，即对内和自己历史对标，对外和标杆企业对标。

对内和自己的历史对标：需要企业有相关指标的历年历史数据，通过历史数据的变化趋势，找到自己的提升方向和提升点。

对外和标杆企业对标：选择标杆企业作为自己前进方向的旗帜和学习目标，如果标杆企业是上市公司，相应的数据获取是比较容易的，上市公司年报基本能够满足需要；如果标杆企业不是上市公司，没有信息披露的义务，我们获取数据的难度会比较大，成本也比较高，如确实需要可以通过第三方数据公司进行购买。

在对标的过程中，非常重要的环节就是确保数据口径的一致性，一个维度是形式上的一致，保障指标定义的内涵是一致的。每个企业对同一类的数据的定义会有所差异，即使同样的定义也会存在内涵上的不同。比如薪酬成本、人工成本、人力资源费用等，明确每个定义包括哪些具体维度、具体科目的费用，确保大家在统计的时候不会因为理解的不同而产生歧义，同时也可以通过增加公式说明的方式起到明晰的作用；除了明确内涵之外，还可以尽量采用财务角度的指标，财务角度的指标往往基于会计准则，更具标准化。

另外一个维度是指标在本质上的一致，同样一个指标，如产值工资率，大家对指标的定义等形式上是一致的，但往往因为忽视了对标对象本身的差异性而使得对标数据口径产生了差异，因为很少有两家企业的业务条线的产品类别、业务模式和管控模式是相同的。比如一家自营销售占 70% 的企业和一家自营销售占 50% 的企业，其人工成本往往就会有差异，同样体量的销售收入，自营的人工成本往往高于非自营，非自营主要通过代理商或经销商来进行销售，相对所需人数也较少。

所以，组织效能对标过程中既要注意指标形式上口径一致，同时关注指标在本质上的差异。完全口径一致的对标口径是不存在的，我们要容许一定范围内的差异存在。

达标

我们进行组织效能建标、对标是为了找到提升点和突破口，使得关键指标能达到目标值或者行业标杆水平。我们不能期望所有的组织效能指标都能够达到或超越行业水平，企业战略本身就是一个取舍的过程，企业对自己的组织能力也是有所取舍的。当你在经营层选择了快速高效运转的效能维度，你就很难同时选择为客户提供高价值、高体验的产品或服务的效能维度，多、快、好、省全部占有只是一个理想的状态。

我们如何在企业内部推动关键组织效能指标达标呢？常见的方式有以下几种：

● 通过组织绩效和个人绩效，将效能指标落实到关键部门，分解到关键岗位

绩效管理是一个比较好的战略落地管理工具之一，将体现组织竞争力的效能指标层层分解到关键部门和岗位，通过考核和激励，促进员工采取相应的管理和业务动作，以提高效能指标。

● 通过公司主题年、公司级项目、擂台 PK 赛等方式，推动全员备战关键效能指标的达成

我们可以通过在全公司造势，比如通过质量、产品等主题年，设置 2~3 个公司必战项目，比如产量大比拼、技术大比拼、全员营销等方式，激励公司全员参加，重点解决 1~2 个公司层面的效能指标，对于做出突出贡献的员工要及时给予奖励。这个过程，高层的全身心参与是关键。

● 通过组织文化塑造，打造组织效能建设的软性能力

组织文化塑造是将公司所期望组织效能提升的管理思想内化到员工内心，比如企业非常强调客户至上，那么什么才是客户至上？就是快速响应客户的需求并满足，比如公司员工对客户现场的问题是需要在接收信息后 12 小时内解决的，这在组织效能指标层面上往往体现为运营层中的客户满意度。

阿里巴巴的价值观考核也是如此，员工践行价值观的过程，也是打造阿里巴巴组织核心竞争力的过程。在阿里巴巴价值观中客户第一，其最高分的行为要求是具有超前服务意识，防患于未然。这个要求就是要想客户之所想，更要想客户所未想，通过这样的思想和行动指引，提高客户的黏性，提升客户满意度、复购率等组织效能指标。

提标

组织效能达标之后，有两个问题需要思考，一个问题是如何促进企业内部经验的迁移，让内部更多的子组织、子业务可以借鉴其经验实现组织效能的提升；另外一个问题就是如何巩固现有组织效能成果，并促进螺旋上升。这就是达标之后我们所要做的提标工作。

● 促进企业内部经验迁移

我们应该组织先进部门、先进团队萃取组织效能提升经验，通过交流分享会促进组织内部的经验迁移，其他部门或团队可以习得、复制成功经验，以提升自己的组织效能。

经验迁移最大的难点在于经验本身的萃取，这就需要企业有专业的组织经验萃取专家或者借助外部专家力量，只有萃取到表象背后的本质经验，才能利于其他组织的习得和复制。

● 巩固现有组织效能成果

如何保障现有组织效能得到提升，同时推动其持续进步呢？常见的有流程优化、机制保障等。

一方面，我们通过优化业务流程关键点，将影响组织效能的关键管理和业务固化在业务流程中；另一方面，我们要建立利益分享机制，通过激励机制激发员工持续在公司核心竞争力上发力。

组织效能是衡量企业管理水平的晴雨表（如表1所示），是企业组织与人力资源管理实践的指北针。组织效能建设是一个长期的任务，不能搞一阵风运动，要把组织效能工作和企业日常运营工作耦合，相互促进、相互转化。

表 1 组织效能指标分析表

类型	组织效能指标	公式	现状	目标	历史	标杆
经营层	净资产收益率	= 净利润 / 股东权利				
经营层	净利润率	= 净利润 / 营业收入				
经营层	总资产周转率	= 营业收入 / 平均总资产				
经营层	主营业务收入增长率	= (当期主营业务收入 – 上期主营业务收入) / 上期主营业务收入				
经营层	净利润增长率	= (当期净利润 – 上期净利润) / 上期净利润				
经营层	销售费用占比	= 销售费用 / 营业收入				
经营层	管理费用占比	= 管理费用 / 营业收入				
经营层	研发费用占比	= 研发费用 / 营业收入				
经营层	财务费用占比	= 财务费用 / 营业收入				
运营层	重点产品单位成本	= 材料成本 + 制造费用 + 直接人工成本				
运营层	某产品复购率（TO B）	= 当期某产品销售收入 / 上期某产品销售收入				
运营层	某产品复购率（TO C）	= 重复购买次数 / 总交易次数				
运营层	客单价	= 平均每个客户消费金额				
运营层	转化率	= 产生购买的人数 / 所有达到店铺的访客人数				
人力层	人均主营业务收入	= 营业收入 / 年平均人数				
人力层	人均净利润	= 净利润 / 年平均人数				
人力层	人工成本费用率	= 人工成本总额 / 营业收入				
人力层	人力资本投资回报率	= 净利润 / 人工成本总额				
人力层	人均人工成本	= 人工成本总额 / 年平均人数				
人力层	人力资本投资回报率	= 净利润 / 人工成本总额				
人力层	某职类人员配置比	= 某职能人员数量 / 服务总人数				
人力层	关键人才主动离职率	= 主动离职人数 / （期初人数 + 入职人数 – 被动离职人数）				
人力层	核心人才留任率	= 期末核心人才在职人数 / 期初核心人才人数				
人力层	关键层级人才厚度	= （N-1） 层高潜人数 / N 层关键岗位岗位数				

PRACTICE OF ORGANIZATION MANAGEMENT

———————

第二篇
组织建设线

01

如何进行企业的组织结构管理

钻石和石墨的化学成分相同，可表现的作用和体现的价值却完全不同，其原因在于碳元素的排列结构不同，所以产生了硬度、晶体色差别，一个代表着财富和奢华，而另一个只能做铅笔芯。对于企业也是一样，部门和岗位不同的设置，以及它们之间不同的关系，产生的组织能量、输出的贡献值也不尽相同。

德鲁克曾经说过：管理的重点在于建构一个好系统，让人的长处得以发挥，短处得以包容。

组织结构设计与优化是组织管理的重点工作之一，也是企业进行变革的重要手段之一，通过组织结构的优化改变原有的权责利分工、协同，改变原有组织资源的分配方式，打通组织运行的任督二脉，实现新的组织使命。广义的组织结构管理包括股权结构、治理结构、组织结构。

股权结构

　　股权结构主要看各股东在公司总股本中所占比例及其相互关系。股权占比多少体现了股东在公司中所具有的所有权，而相关关系主要看股权集中度，股权高度集中的，往往是少数股东占有公司绝对优势的股份，拥有绝对控制权；另外一个极端就是股权高度分散，往往每个股东的股份在 10% 以下，少量股东难以形成合力控制公司主体，所有权往往和经营权基本分离。

　　对于我们人力资源伙伴来说，较少参与到企业股权整体布局的工作中，涉及比较多的是股权激励方案的设计和实施。进行股权激励时主要还是注意员工持股平台的设计，通过员工持股平台可以避免股权激励对象直接占有企业股份，同时可以确保企业实际控制人通过较少的股份实现控制权。举例来说：企业实际控制人通过成立有限合伙公司作为持股平台，可以用 1% 的股份以 GP（普通合伙人）的角色分别控制持股平台 A、B，员工以 LP（有限合伙人）的角色在其中持股，这样企业实际控制人在通过持股平台 A、B 分别占有主体公司 30%、37% 的股份，这样实际控制人间接控制了主体公司 67% 的股份，既激励了核心成员，又不影响实际控制人的控制权（如图 5 所示）。

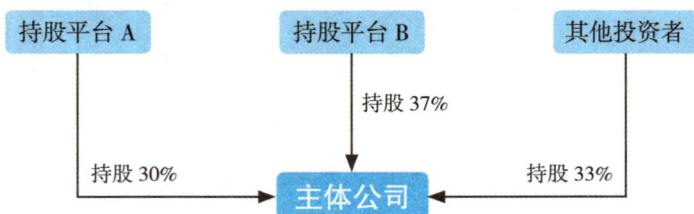

图 5　企业股份控制结构示意图

同时内部股权激励涉及对象比较多,直接持股主体公司,除了股权分散外,后续会涉及离职退股、股权变更、工商变更等一系列问题,对主体公司日常经营和投融资并购等业务会带来影响。

治理结构

股权结构是治理结构的基础,而公司治理结构则是股权结构的表现形式,不同的股权结构决定了不同的治理结构和组织结构。

20世纪30年代,美国经济学家伯利和米恩斯因为洞悉企业所有者兼具经营者的做法存在极大的弊端,于是提出"委托代理理论",倡导所有权和经营权分离,企业所有者保留剩余索取权,而将经营权利让渡。"委托代理理论"早已成为现代公司治理的逻辑起点。治理结构的出现主要是为了解决委托—代理问题而产生的,治理结构是在企业所有权和控制权逐步分离的情况下要解决出资者如何控制和激励企业管理层,以便他们为自己的利益服务,起到资产保全和资产增值的作用。

治理结构主要是股东会、董事会、监事会和高管层的三会一层机制,其中核心就是决策机制和决策机构人选的确定方式。很多企业在不同阶段融资、上市或增发之后,都会面临股权的不断稀释,这时候就会产生控制权的问题。可马云、任正非、刘强东等企业家的股份都不多,为什么他们还是能控制企业呢?这就涉及企业的治理结构。比如任正非在公司决策是有一票否决权的;阿里董事会成员是由阿里合伙人委员会提名的,而马云和蔡崇信则是合伙人委员会的永久合伙人,通过在决策机制上的设置来控制企业关键的人和事,以达到自己在董事会的影响力和控制力。另外,常见的就是同股不同权(AB股),即企业将公司股票分为AB股两类,A类股为普通股,每股对应一票投票权，由一般股东持有；B 类股东则具有特别表决权的股份，每股拥有更多的投票权，一般由核心创始人持有，这也就增加了其他投资者控制公司的难度。

组织结构

在一般日常企业管理中，我们主要面对的是狭义的组织结构，通过设计、优化企业不同组成单元在横纵上的不同组合，发挥组织协调功能、聚合功能和制约功能的作用，以达成组织战略目标。组织结构常见的有直线制、职能制、事业部制、流程制、矩阵制和网状制等。

我们常常讲到生产力决定生产关系，生产关系反作用于生产力，企业业务的性质和需求决定了所需要的组织结构，同时合理、匹配的组织结构也有利于促进企业业务的发展。我们围绕业务发展阶段，看看企业在不同的发展阶段，具有哪些特点，以及对组织结构有哪些需求。

在企业发展早期也就是创业期，业务比较简单，组织人员也比较少，组织结构的核心就是创始人，这时的组织就是一个小团体，企业的人员基本都是创始人招聘过来的，这些人都是企业未来的种子，小米雷军说，小米创办第一年用了 80% 的时间招聘人才。那招聘什么样的人才呢？雷军说创业要找那些不需要管理的人，三十顾茅庐都不为过。这个阶段主要是靠创始人的能力和人格魅力对业务和人员进行掌控，我们也称之为直线制组织。

随着不断的尝试和探索，企业找到了适合自己的发展模式，业务得到了快速的发展，这时企业进入了一个新的阶段，即成长阶段。这一阶段的特点是业务收入快速增长、团队成员快速增多，创始人已经开始不认识自己公司的人，仅依靠灵魂人物来治理公司的时代结束了，创始团队的领导危机产生了，队伍大了，人也多了。这时创始团队往往会通过引进专业人士对组织进行监督管理以加快组织成长，应对组织风险，这时明显感觉企业的部门越来越多，分工也越来越细，专业化程度也越来越高，形成了较为齐全的人力资源部、财务部、销售部、生产部等职能部门，大家各司其职，这样的组织结构称之为职能制（如图6所示）。

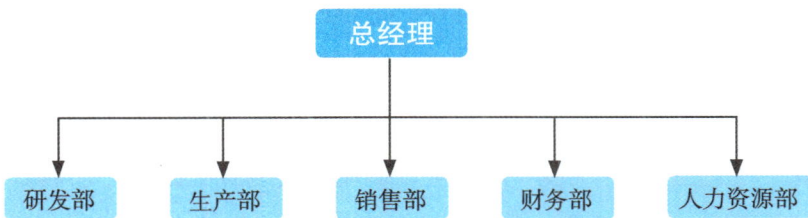

图6　职能制组织结构图

　　随着业务模式相对成熟，增长速度也从快速发展阶段过渡到平稳发展阶段，企业到了一个新的阶段——成熟期。这时组织往往面临官僚危机，各部门以自我为中心，部门墙越来越高，审批流程越来越冗长，很多信息和决策在不断地上下左右地传递，信息在传递过程中大幅衰减，且决策效率低下，组织对外界环境变化反应较慢，部门之间的横向沟通和协同困难，尤其是职能部门对业务部门的响应越来越慢，业务部门对职能部门的抱怨也越来越多，前后台组织开始割裂，于是企业为了激活职能部门的响应速度，更快更好地支持一线业务的发展，就有了再一次集权和分权的需要，将为各业务服务的职能部门下沉到前台，授权业务部门进行管理，于是事业部制应运而生。

　　事业部制是一种分权型组织结构，组织根据不同的业务模式、产品品类、地域等要素进行划分，形成数个事业部，相应配套的职能部门归入各自事业部，授权事业部进行统一管理。事业部制是所有组织结构中最有利于将业务做大的一个组织形式，通过授权可以最大化减少组织官僚影响，赋予事业部经营权，可以适应组织不同产品、不同地区、不同客户的需求，激活了组织的能动性，提升了组织对多变复杂的市场环境的应对能力，同时也有利于组织培养更多的经营型高级管理人才。

随着事业部发展壮大，事业部之间的资源协同逐步成为企业较大的组织障碍，一些共同的资源由于不能在组织内部进行协同和整合，各个事业部往往站在自己的业务角度，忽视了资源在整个组织内部的效益最大化，企业总部对事业部的控制往往会变弱，事业部会变得不太听话，这时组织出现了控制危机。阿里巴巴、华为这些大企业在通过事业部制发展到一定阶段时，也会出现类似的情况，这时企业会强化中台的力量，形成大部制结构。将事业部中一些共性的、战略性的资源进行整合，将核心职能进行上移形成中台，比如阿里巴巴打造的技术中台，各事业部可以提出技术需求，由集团技术中台统一进行规划和满足，这样可以大大地提高资源利用效益和价值；那么大部制也有它的不足，作为中台，它远离一线，所以它的决策相对慢于市场，同时它无法兼顾各事业部个性化的业务需求，所以大企业往往在事业部制和大部制上随着时间和环境的变化进而反复，每隔几年都会进行一次调整，权力、资源也随之在前台和中后台之间切换，以求做到资源配置效益最大化。

网状制是互联网企业经常采用的一种组织形式，其利用组织协定来组织运作；在网状制组织中，真正作业的是独立的单位，其虚拟总部通过协定来进行控制，而不用参与其中；这样独立单位之间可以直接进行沟通，遵循虚拟总部的协定即可。网状制组织打破了原有组织的管理层级和边界，让组织变成一个平的世界，同时也给组织带来了一些新的挑战，比如组织内部的依存度增强，信用问题成为企业合作的主要问题，企业也会丧失一定的控制权。

任何一个企业的组织结构都不会是一个单一的模式，往往是融合了2~3

种组织形式的特点。规模越大、业务越复杂的组织，其组织结构也越复杂，需要考虑众多的因素。

杰出的管理思想家亨利·明茨伯格在其著作《卓有成效的组织》一书中，提出了在组织设计时需要考虑的设计参数、情景因素和组织协调方式。设计参数主要包括职位设计、单位设计、纽带设计和权力设计，而情景因素主要是考虑企业自身的存在年限和规模、支持体系、业务环境以及权力因素，协调方式则是企业期望采用何种方式进行内部协调，包括直接监督、工作流程标准化、员工技能标准化、工作输出标准化和相互调节五种形式。其非常系统地阐述了组织设计过程中需要考虑的众多因素。

单位设计或者部门设计是组织结构管理中常见的问题，那么如何合理设计单位或部门呢？这里面有两个重要的要素：组织的控制幅度和管理层级。

我们经常听到控制幅度一般在 5~8 人比较合适，超过 10 个人就显得多余，一线人员的控制幅度会高一些，到底是否科学，依据又是什么呢？

首先我们需要清楚决定组织单位设计控制幅度的有哪些因素，主要包括协调机制、工作专业化、行为标准化以及任务复杂度与关联度。协调越复杂，控制幅度越小；协调越标准化，控制幅度越大。同样 100 人的团队，比如话务中心，它的岗位以话务员为主，工作内容非常标准化，专业化程度很高，所以管理这样的团队，它的协调相对就比较简单和标准化，管理幅度可以比较大，一般可以 40~60 人作为一个管理单位；如果是研发中心，则大不相同，为了研发一个产品线的产品，这个 100 人的研发团队专业化差异显著，以工控行业的研发为例，这个团队有软件、硬件、算法、测试等多位不同专业背景的研发人员，相对研发本身而言工作标准化程度低，相互之间的工作关联度较高，所以它的协调就会比较复杂，控制幅度会比较窄。我们需要把这 100人拆成十几个相对高效的产品开发小组，按照研发产品的类别将各专业人员进行分组，形成一个 5~10 人的项目组，超过 10 个人内部横向协同的难度会成倍增加。亚马逊 CEO 贝索斯非常有智慧地提出过一个"两个比萨原则"，他认为如果两个比萨不足以喂饱一个项目团队，那么这个团队可能就显得太大了。因为人数过多的项目会议将不利于决策的形成，而让一个小团队在一起做项目、开会讨论，则更有利于达成共识，并能够有效促进企业内部的创新。人的大脑无法处理太多人的意见，人多的结果往往导致人云亦云，无法凸显个人的独特想法。

企业可以通过标准化来降低控制复杂度，提升可控制幅度。生产车间、基础财务、一线销售、人力 SSC 等可以通过流程标准化和结果标准化扩大控制幅度，而人力 COE、投融资、产品开发等标准化程度较低的，其控制幅度也相对较低。

工作专业化和行为规范化也与控制幅度呈正相关，同时任务复杂度越高，关联度越高，其控制幅度越低。

除了上述因素外，设置控制幅度还需要考虑信息传递的损失、管理人员非监督性工作量以及安全感需求。比如研发团队的控制幅度一般不高，不仅仅因为其标准化不高，另一个原因就是研发管理人员本身还要从事大量具体研发工作，在管理职能上投入时间有限。

控制幅度大，相应管理层级就会少；如果控制幅度小，那么管理层级就会相应地增多，一般建立组织将层级控制在 3~4 级，具体根据企业的规模以及组织面临业务环境的复杂度、稳定性来确定，外部业务环境越是复杂、越是不稳定，组织越是需要快速、有效地应对外部变化，及时决策，所以管理层级要少，权力要下放，让听见炮火的人决策就是这个道理。因为业务变化快，等到一线人员层层将信息传递给高层，再由高层决策后层层传到一线，战场的形势可能已经发生变化，决策所依据的客观情况可能已经发生逆转，原有决策已不再有效，因此必须要让一线具备决策的能力和权力，同时减少上下层级，便于高层及时获知最新变化，调整组织战略和业务方向。

在进行组织优化的时候，一般是企业遇到了或预判了可能存在的问题，我们除了聚焦问题根源所在和组织设计方法论外，还需要能够系统性思考，从业务的本质出发，组织优化或变革，牵一发而动全身，其中涉及组织结构的调整，同时还伴随着组织内部权责利结构的调整。下面分享几个比较常见的业务场景，看看我们如何进行组织优化来应对这样的业务挑战的。

分拆组织以培养新业务、新团队

2010 年前，T 公司作为一家吸尘器生产商，主要为世界级家用电器大厂进行产品代工、贴牌生产，面对当时的国际国内贸易和经济发展情势，企业董事长看到了代工领域未来的发展趋势，只会是利润越来越薄，在行业发展中越来越没有话语权，同时非常有远见地看到了中国工程师的红利，有利于中国企业的制造升级，以及随着中国经济的发展，人民对物质生活有了更高的需求。于是本着为全世界提供最佳清洁方式的目标，董事长带领核心团队进行了二次创业，成立了 K 公司，自主研发自动化清洁设备，自建线上线下销售渠道，打造了一个新的业务模式、一条新的商业战线。当时企业针对老业务、新业务就是分别通过两个团队进行管理的，有独立的管理团队、研发团队、销售团队。为什么要这么设置呢？不同业务的思维方式是不一样的，老业务、老团队往往保留较多的原来代工的思维，新业务只有靠新团队、新思路才能打破原有组织思维的束缚，这一组织拆分就是对新业务的成功进行了有效的组织保障。

分拆组织不仅适用于新业务，同样也可以帮助老业务培养新团队，L 公司是一家具有 200 多亿业务规模的上市集团，这家集团公司采用的是事业部制，形成事业群—事业部的组织管理模式。我们知道，事业部制是最有利于业务做大的一个组织结构，在业务快速发展时期，L 公司就是采用对事业部不断分拆的组织策略，当一个地区事业部的经营业务量达到 10 亿时，就会考虑分拆为两个事业部，这样的方式可以帮助其快速培养更多的经营性人才，让内部优秀人才有更好的发展机会和平台，不仅原有的事业部负责人可以升职，管理两个或多个事业部，同时原有团队的人又可以升职为事业部负责人。另外一个很重要的原因就是组织规模效应，单个事业部超过一定的业务体量，达到了该行业生产规模效应的临界点，体量过大，生产规模效应带来的好处会抵消管理幅度过大带来的内耗。通过分拆组织、提拔新人，有利于组织活力的激发，有利于业务裂变式的增长。

合并组织以减少管理成本

组织分拆是一种裂变的过程，通过分拆，企业的业务、人才由一变二、二变四，不断裂变，由小变大，再拆，再生长，这就适合业务快速发展的企业，或者进行二次创业的企业。而对于处于成熟期或衰退期的企业来说，合并组织或许是一个好的组织调整方式，通过合并组织减少管理层、公共服务人员，达到精兵简政的效果。

工业企业 C 公司规模不大，一个多亿的规模，一直靠着几款热销产品给企业带来较好的收入和利润，发展势头良好，度过了几年行业黄金期，随着国家政策带来的行业变化，市场需求端发生了较大的变化，原有产品的业务量快速下滑，同时企业又没有新产品跟上，导致企业瞬间变成了经营困难户。为了减少亏损，度过艰难时期，除了投入资金在新业务新产品的开发和拓展方面外，还对老业务采用组织合并的方式，比如进行车间整合，三个车间合并为两个车间，减少部分生产管理人员；同时取消、弱化和合并一些管理职能，减少管理成本。对于处于衰退期或变革期的企业来说，要有断臂求生的勇气，必须下大力气整合组织，下沉组织，砍掉非必要性职能，将资源聚焦在能给企业带来重生的职能上。

另外一种组织合并也比较常见，就是原有的两个职能相互独立，处于工作上下游关系，但是经常会有矛盾和冲突，影响工作交接，但是从工作输出、流程上往往需要双方紧密配合和支持。而遇到问题互不相让时，也可以通过组织合并，将其合并为一个单位或者由同一个管理干部分管，将组织之间的矛盾转变为组织内部的矛盾，这样可以减少原来人为造成的矛盾和冲突，短期可以减少给企业带来的内耗。

矩阵式、流程型组织冲破部门墙

随着企业的发展，职能制组织结构非常容易产生部门墙，一个个部门就像一个个烟囱一样，能力越强烟囱越高越厚，业务或资源在组织内部的流动也就越来越缓慢，非常容易在某个节点或某个部门受阻。部门不关注这个事情对组织目标实现的影响，而更关注这个事情是不是它的职责范围，对部门有没有风险。对于部门墙问题，有效的解决方式就是业务流程再造和组织变革。

华为在快速发展过程中，不断吸收了 IBM、光辉合益、麦肯锡等优秀企业或咨询组织的宝贵经验，在集成产品开发、集成供应链、集成服务交付、集成财务服务、人力资源管理和质量控制等方面引进了世界范围内的最佳实践，华为的组织结构也从一个直线型组织到职能型，再转化为面向区域、客户、产品的多元矩阵式组织。所谓矩阵式组织是在垂直的组织单元中横向架设基于项目的业务单位,项目单位和职能单位形成横向、纵向的矩阵式的网络结构,是一种混合型的组织结构,在研发型企业中比较常见。华为早期通过设置 SPDT(超级产品开发团队)作为独立的经营单元,以弱矩阵式的项目管理,打通业务和职能的资源,打破部门墙,提升产品开发的效率;后期,由轮值董事长郭平牵头负责"以项目为中心"的能力建设,通过"项目型组织变革项目""通用项目管理服务平台建设""项目管理流程建设项目"等变革子项目的运作,确保了华为从弱矩阵一步步走向强矩阵。很多企业也会遇到华为发展过程中类似的问题,他的很多做法值得我们去学习和思考。

随着业务的快速发展和组织规模的扩大,矩阵制也会暴露一些问题,比如过多的审批控制点,拥有决策的职能人员远离一线,不同矩阵条线壁垒和沟通成本巨大、人力资源的浪费等,通过组织结构的变化并不能一劳永逸地解决企业的组织问题。在优秀企业的实践中,往往在组织结构变革的同时开展业务流程再造,建立流程型组织,这样通过流程来弥补矩阵式组织的弊端。流程型组织来自著名的流程再造学者迈克尔·哈默,其在《企业再造》一书中提出这个理念,后来吉尔里·拉姆勒的《流程圣经》中提出了具体的流程再造的方法论,在企业界掀起了高潮。

华为的铁三角模式就是在这个业务和组织背景下被发现和复制的。最早在北非地区尝试,员工成立以客户经理、解决方案专家、交付专家组成的工作小组,形成以项目为中心的铁三角作战单元。铁三角模式的核心在于统一目标打破职能壁垒,后方职能条线重在提供有效资源支持和保障,而不是由拥有资源的人来指挥一线作战,一线作战决策权根据授权规则交由一线团队,职能仅起到保障作用。这种组织流程设计的思路就是要倒过来做,一切为了保障前线目标的达成,精简不必要的流程,精简不必要的决策点,通过一线作战部门的"拉"的机制来检验后方部门的作用,不受力的组织或人员往往面临调整或汰换，这样自然会减少职能部门的官僚作风。在流程型组织的拉动下，矩阵式组织由原来的管理职能向服务职能转变，组织定位发生了根本性的变化，它不再是管理部门，而是资源部门和赋能部门，必须为业务及时有效地提供支撑和服务、分析和监控。

华为在构建流程型组织过程中，遇到最大的障碍就是对人性的挑战。人性的弱点是喜欢标新立异，而流程是保持相对稳定，它未必是最优的，往往是众多个体妥协的结果，是现实主义的选择。任正非一直强调管理灰度，所谓"耳不聋，眼不瞎，不能当家"，有时候妥协还是必要的。

这样的组织变革和流程再造是一个相对复杂的事情，涉及的利益主体较多，需要一个复合型的专家团队，包括行业专业、流程专家、组织专家等，需要一支内部外部相结合的专家团队，既要有熟悉企业的内部专家，也需配置有过成功经验的外部顾问专家，内外部结合，发挥最大效用。

分久必合、合久必分，组织结构设计和优化从来没有一个完全正确的答案，而是基于不同的时机、所要解决的问题场景而定。有时候需要进行集权，有时候需要分权；有时候强调业务驱动组织，有时候强调专业提升组织；有时候强化技术驱动力，有时候强化市场驱动力。因势、因事、因时、因人而不断变化。

02

如何开展人力资源三支柱变革

1996 年，《哈佛商业评论》刊登了托马斯·斯图沃特的《炸掉你的人力资源部》；2014 年，拉姆·查兰更是提出了要分拆人力资源部；他们都代表着一批人对人力资源部门的态度和认知，他们的发声给人力资源部带来了前所未有的巨大挑战。一个既无法有效承接战略，又被员工认为官僚主义，还被业务部门认为可有可无的组织到了生死存亡的地步。

正是此时，现代人力资源管理之父戴维·尤里奇（Dave Ulrich）在 *Human Resource Champion* 开创性地提出了"人力资源四角色或四象限模型"，并指出"人力资源部要像企业一样运营，有人负责客户管理，有人负责专业技术，有人负责服务交付""通过转变角色和分工，人力资源也可以创造价值"，这就是人力资源三支柱模型的理论基础和起源（如图 7 所示）。

战略伙伴

承接企业战略、强调战略人力资源管理的"战略伙伴",他们凭借对企业战略和业务的理解,凭借专业的人力资源理论知识,通过前瞻性的思考和超强的执行力,确保人力资源服务于战略和业务。

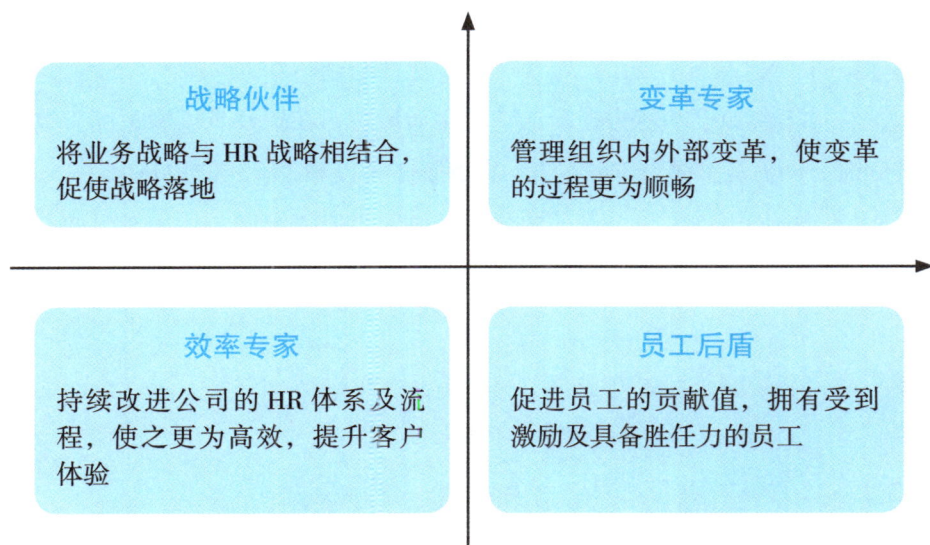

图7　人力资源四角色或四象限模型

变革专家

推动企业转型和变革的"变革专家",他们凭借自己的洞察力和影响力,及变革管理相关的知识、经验和技能,推动企业组织和文化的不断升级。

效率专家

关注流程和系统、提供行政事务管理和处理的"效率专家",他们凭借自己的管理运营知识和流程优化的意识,不断整合资源、运用技术,提升企业在行政事务管理和处理方面的效率。

员工后盾

关注员工忠诚度和能力提升的"员工后盾",在提升员工满意度、敬业度的同时,助力员工能力不断提升,确保员工可以和企业一起成长。

在这一理论指导下,一批优秀的大型跨国企业率先开始应用并实践,经过十多年的变革转型,形成了"人力资源三支柱模型"(如图8所示)。

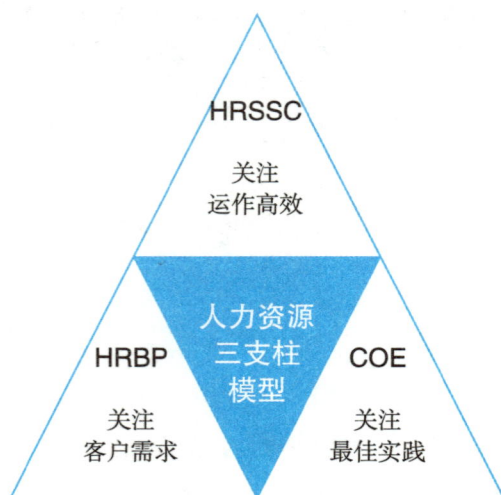

图8 人力资源三支柱模型

关注卓越人力资源解决方案开发和优化的"领域专家"，即COE（Center of Expertise）；

与客户密切接触，关注客户需求的人力合作伙伴，即HRBP（Human Resource Business Partner）；

关注运营效率的人力资源共享服务中心，即HRSSC（Human Resource Shared Service Center）。

专家中心（COE）专注于人力资源解决方案和项目的设计，确保人力资源的工作有效承接企业战略、支撑企业持续发展；人力合作伙伴（HRBP）则专注于将专家中心设计的人力资源解决方案或项目，根据自己服务的业务条线特点进行深入定制或调整，并坚定而灵活地执行，确保人力资源战略在自己所服务的业务条线有效下沉，真正服务于特定的业务，实实在在地解决业务问题；而共享服务中心（HRSSC），则专注于满足经理和员工对于人事行政事务的日常需求，并承接COE设计的、普适性的项目交付，分担HRBP的可标准化的事务性工作，让员工享受到触手可及、良好体验的人事行政服务的同时，将COE和HRBP从事务性工作中解放出来，让其COE更加专注于自己的专业领域，让HRBP更加贴近业务，共同创造更大的价值。

笔者曾经参与了两家上市公司的人力资源变革项目，从传统的人力资源模块到人力资源三支柱模式的转变。组织变革最大的挑战在于变革的初心，到底为什么要变革，企业期望通过建立三支柱模型达成何种结果，用什么来检验是否成功，可能遇到的风险是什么，如果风险发生了企业能否承受住以及如何消化等问题。

人力资源组织变革是一个长周期项目，比较系统地搭建完成人力资源三支柱模型框架至少2~3年，之后再不断地进行完善。有些企业是采用全面变革，快速进行三支柱模型建设，比如京东方等；有些企业是从单一支柱开始逐步推进，比如德国博世、日本松下等跨国企业就是基于它们的技术优势，以及中国人口红利的优势，率先在中国建设 HRSSC 共享中心，国内的大中型企业比如协鑫集团、绿城中国也是这个领域的开拓者和践行者。

有些企业是从 HRBP 角色先开始转变，国内不少中小型企业是这方面的先行者，它们不具有建立共享中心的技术优势、集中优势或成本优势，往往会优先选择 HRBP 角色切入，希望通过 HRBP 的角色来发挥人力资源对业务支持和推动的作用。

三支柱变革在具体实践中，各企业可以根据自身业务和人员情况进行一些调整和优化以适应企业的发展阶段。其中比较成功的是采用 HRBP+ 平台（SSC+COE）的模式，这个模式在中国不少优秀企业得到了验证。通过 HRBP 角色做好需求的识别以及方案的实施落实，它们是前线的战士，而平台则是方案、制度、流程的制定者，标准化服务提供者，它们为 HRBP 提供炮弹，根据 HRBP 的共性需求制定具有指导意义的人力资源解决方案；同时平台又承接了 HRSSC 功能（并不是完全意义上的共享中心，在信息建设、流程建设上达不到要求，更多的还是一个集中的事务中心），解决了企业日常人力资源工作，随着信息技术的发展，HRSSC 其实在某种程度上也可以看作 COE 的一种，比如流程专家、数据专家或者信息技术专家。当企业有了一定规模，且三支柱模型运行较为成熟，平台可以进一步分拆到较细的组织单位，比如服务中心、信息中心、人才中心、招聘中心等。这种模式的变革是一个相对比较渐进的变革，考虑到了国内企业人力资源团队目标的专业能力和信息化建设的现状，以及各模块的前期投入和效益回报周期，可以说是一种较为稳妥的渐进式变革方式。

组织变革不仅仅是结构的变化，还需要流程和机制来落实和支撑结构的变化，避免新瓶装旧酒。任何一次变革，都是新旧利益、新旧思维的博弈，我们需要通过建构新的流程和机制去指引大家，树立新的方向，形成新的行为。在流程和机制的设置上，我们需要从原有的职能控制角度向"业务支持 + 风险管控"角度切换，站在业务前端看后端流程的设置；而如何评价流程和机制的有效性，我们可以从成本、风险、成果、时间四个维度去综合评估，优化、去掉一些不符合这些维度的流程节点。

战略决定组织、组织决定人才，三支柱组织变革要想成功离不开人力资源团队自身，其中角色意识的转变以及所需支持的获取是能否成功的关键问题。我们经常说这个 HRBP 有业务的味道，那个 HRBP 没有业务的感觉，为什么？有时候差别就在于角色意识的差异上。这种角色意识的差异导致了在工作中的立场和行为上的差异，当你让大家感受到你在思考如何帮助业务解决问题时，这就是一种业务的味道；有些 HRBP 总是以这个不符合公司制度、那个不符合公司流程来否定某件事，而不是先判断这个事是否对业务的发展有利，如果有利，那么我们如何使其符合公司制度规定和流程要求等。笔者对新上任的 HRBP 前期只有一个要求，就是尽快理解业务并逐步具有判断业务趋势的能力，在这一过程中帮助业务解决一两个问题，建立信任感。具体工作步骤，那就是沉下去。和业务领导一起开会、一起出差，理解领导的业务开展思路和业务重点；和业务条线人员、上下游职能人员定期沟通交流，理解大家在工作中的困难和挑战。当我们能够帮助他们解决一两个问题时，既可以培养出信任度，又能建立自己的权威。

变革期间，公司要定期组织大家分享心得，交流看法。人力资源内部要交流，碰撞，一人计短、二人计长，通过团队的力量一起面对变革期间的问题，同时也可以获得组织的支持。人力资源和业务两个条线也要交流，既要站在客户的角度去看待人力资源组织变革问题，同时大家也要换位去看待问题，人力资源组织变革不仅是人力资源部门的事，更是整个企业的事。

还有一种方式就是找企业内外的优秀标杆，笔者在企业中时会定期组织一些交流和赋能会议，邀请外部的 HRBP 标杆给大家做分享，谈谈他们是怎么识别、锚定、诊断组织、业务需求的；也会请集团业务副总裁或 CEO 来给大家讲解他们对业务的现状、趋势的研判以及对人力资源当下和未来的需求。人力资源伙伴是一个善于自我学习的群体，可以多看一些经典的管理学著作，多看一些行业内的研报和上市公司年报，这也会对我们建构理论和方法比较有帮助。

人力资源团队负责人的专业的高度和业务认知度在人力资源组织变革中尤为重要，通过教练的手法持续地为团队赋能，再经过 1~2 年的赋能和实践，HRBP 团队也就确实比较可靠了，能够给业务带来价值，当业务负责人遇到问题找人商量的时候，第一个就会想到我们的 HRBP，那么我们的变革就意味着成功了。

只有好的 HRBP 还不够，组织内部一定要有几位在组织发展、薪酬绩效、招聘猎聘、企业文化等方面比较有专长的 COE 作为后方的支持。高质量的 COE 是 HRBP 的赋予源泉，也是公司人力资源系统化建设的主力军。在日常工作中，HRBP 和 COE 还是会存在角色上的偏差，HRBP 更能理解业务的痛点，往往从业务角度出发，而 COE 是这个领域的专家，往往会更多地从专业和公司整体角度出发。笔者在协同和平衡两者关系时，采用一种比较简单的方式，在对需求判断上、成果检验上，以 HRBP 为核心，他们是站在业务第一线的，知道业务需要什么，知道我们的制度、政策、方案在业务条线运作的状况；而在具体解决方案和手段上，则以 COE 为主，发挥他们在制定解决方案方面的专业能力；同时人力资源部门会在组织内部建立方案研讨、项目评估等会议沟通机制，鼓励双方各抒己见，加强两个角色之间的交互，每一次碰撞都会是团队提升的契机。

对于 COE 和 HRBP 两者的角色，我们要发挥 COE 的专业所长，警惕他们过于专业；发挥 HRBP 对业务的敏感度，警惕他们过于业务倾向。管理在一线，COE 和 HRBP 只有下沉到一线，到业务端，才能发现真问题，找到好方法；同时加强两个岗位之间的轮岗，两年轮一次，培养他们换位思考的能力，鼓励他们多样性的发展。

在笔者服务的一家上市企业中，企业在变革期间启动了一个叫"尖刀连"的人才项目，挑选了一些具有管理潜力的业务苗子，鼓励他们来人力资源部轮岗业务 HRBP，这个也是培养 HRBP 的另一个思路，从业务中选拔 HRBP。同时，这样的轮岗也有利于培养业务中高级管理干部。

在人力资源组织变革中，企业 CEO 和高管团队的支持是必不可少的，这也是成功的关键要素。一些优秀的 CEO 能够认识到人力资源的重要性，始终将业务一把手视为企业人力资源工作中的第一责任人，这样的思想洗涤对人力资源管理变革和工作推进带来了无限的支持和帮助。当然另一个成功的关键要素是人力资源团队自身，人力资源团队要能够让业务负责人看到人力资源带来的价值，看到对业务的支持和推动。你能看到他所未看到的，想到他所未想到的，得到他所未料到的结果。

中国也有一些企业在尝试三支柱模型的过程，但并没有习得精髓，往往只是画了一张三支柱的皮，而没有实质的内容。画了个组织架构，设置了个新职位，制定了理想的职责，但只有这些是很难达到预期的结果的。这是一个系统性工程，任重而道远，变革者既要心有全盘图，更要脚行点滴路。

现在不仅人力资源在强调业务伙伴的角色，其他职能也在开展类似的组织变革，相信未来会有更优秀的、更具有创新的人力资源组织实践涌现，企业的组织变革永远在路上。

03

如何让组织警惕官僚主义倾向

我们在很多企业都能看到官僚主义的一些现象，过多的管理层级、复杂的管理表单、烦琐的流程节点等，企业在不同的发展阶段，呈现的官僚主义也有所差异，大体总结起来，有以下三种现象：

管控大于赋能，管理大于经营

当前社会，不确定性已经成为常态，组织需要有应对不确定性的能力和机制，为什么华为任正非讲："现代战争是班长的战争，决策权要下放到一线，让听得到炮火的人决策。"就是因为传统的从一线开始，一层层向上反馈信息，由公司决策层基于信息决策后，再一层层传递回一线，这个模式无论在信息传递的速度和质量，还是决策的有效性上都无法满足我们应对外部环境不确定性和市场变化的要求。

这需要企业转变组织的机制，要保证一线的人有能力做正确的决策，所以组织职能体系要转变意识，从管控转化到赋能，不能为了管理而管理。管理是有必要的，但是管理的目的是实现经营目标，过度管理往往变成了控制，偏离了企业存在的原点，即不再以实现经营为目的。从一些数据维度上也可以帮助我们去更好地评估自己的组织，比如管理人员的增速是否大于员工的增速、管理人数与员工的配置比是否高于同行标杆、职能人员的增速是否大于业务人员的增速，以及职能人员与业务人员的配置比是否高于同行标杆等。

企业的发展经历了初创、成长、成熟到变革等阶段，在不同的时期面对不同的问题，企业往往在成熟期会面临着控制危机，很多企业会去尝试不同的组织变革，在变革的过程中不断地去强化组织的控制，尤其是规模较大的集团型企业。企业越大，信息链和决策链越长，我们越是要警惕官僚主义。笔者曾经看到一家企业有些 OA 流程，要经过九天才能完成审批，里面很多管控节点的人员其实对业务内容并不知晓，也无法承担决策给业务带来的后果，但是往往基于管控的思维，又必须要一个环节一个环节的经历，导致整个管控审批人员产生"群体免责"的效应，大家不是基于如何更好地达到业务结果去看业务流程，而是站在业务流程角度如何控制自己的风险。我们每个企业都可以检视自己的内部流程，所有管控节点的人员是不是都会对这个业务流程的节点和最终结果承担责任，如果不能承担责任，那就取消或者优化这个管控节点。

企业的管控要分层，核心的事项要保留上级单位的管控动作，尤其是决定权或否决权，但是大部分的业务管控是要下沉的，具有备案知晓权即可。既要防范企业的风险，也要激活基层组织，机动地、灵活地参与一线市场的战斗。

企业的中后台要发挥赋能的作用。赋能是多元化的，知识技能的赋能、流程制度的赋能、组织机制的赋能，都要回到一个起点，让最熟悉情况且承担业务责任的人有能力去决策他们职责范围内的事，同时通过后台的规则、机制、制度、大数据、成功经验在无形层面上控制好企业风险，提高前线人员的成功率。

做人大于做事，形式大于实质

企业里总是有一些人很会做人，表现圆滑，周围的人对他的评价不错，但是细看他的工作业绩，竟没有拿得出手的，可往往又是这样的人更容易得到晋升。组织里这样的人多了，组织空气中弥漫着满满的不作为。

有时候我们讲做事先做人，但是如果过于世故、巧于应付、上捧下拉、面面俱全，那就是走向了做人大于做事的官僚主义。我们在干部管理过程中一般比较谨慎地使用360°评估。有些企业往往用360°评估方式来评价候选人的价值观和能力，但是不建议用在人员的晋升方面，它可以作为人员培养方向的一点参考。在我们的实际使用实践中，这样的问卷评估，往往人缘好、不得罪人的得分会偏高，不过想要做出点事情来，哪有不得罪人的呢？我们可以借鉴360°评估的核心思想，通过多维度了解他人。我们可以不用评分，而采用访谈的方式。360°的访谈成果虽然没有具体分数，但更有立体感。评估人对访谈的回答会比问卷打分更加深思熟虑一些，也更加客观一些。

还有些人平时在实际工作上投入精力过少，而把主要精力放在如何汇报上，在报告上做文章；弄虚作假、文过饰非、投机取巧钻空子，这是一种形式大于实质的官僚主义。有些管理干部不想着怎么去把渠道建设好，怎么提升产品的竞争力，怎么让职能更好地推动业务发展，反而花很多时间创造了很多新概念、讲了很多新故事、隐藏了很多老问题。我曾经参加过一个企业的人才盘点会议，竟然是一个业绩连续两年不达标的销售总监被上级集团建议升职，因为他的述职报告做得好，让集团领导觉得此人报告思路清晰，有发展潜力，应该给予更多的发展机会，却无视评价一个干部的核心应该是业绩，而且是真业绩。当然，最后这位负责人还是因为业绩达不到企业发展要求而离职了，浪费了企业的宝贵发展时间。这样的组织氛围，自然会引导员工和干部有着"做得好不如报告好，一报得天下"的不良念头，甚至不少部门在招聘人员时，特别强调要精通 PPT 报告制作，每次汇报工作，都要安排专人为部门负责人准备报告。这时，报告已经失去了原本的意义。报告应是帮助我们厘清工作思路的，它是无法直接创造出业绩的。

功归己，过归人

曾经有个有关管理的笑话是这么讲的：一个企业的业绩太差，总经理要进行追责，于是召开了部门负责人会议。首先总经理批评了销售部门，认为销售部门没有把握住市场和产品的方向，失去了企业的大客户。销售部门对此特别委屈，认为自己很努力，一直在推销，可是公司的产品不行，巧妇难为无米之炊，公司的产品与竞争对手相比，没有技术优势，还经常出现质量问题；研发负责人并不同意销售部门的观点，认为产品没有技术优势，但也不能怪自己，公司的研发预算每年都要砍，根本没有足够的人员和费用投入新技术的开发上，而说到产品质量问题，研发设计是没有问题的，主要是生产的时候没有把好关；生产负责人一看责任转到自己头上了，便说到产品质量是有些瑕疵，但不是生产工艺上的问题，质量问题分析的结果大部分都是原材料的问题；采购负责人则认为，公司要求降低成本，一分钱一分货，再说如果销售做得好，也不至于这样过度降低成本，在原材料上省钱，这还不是销售不力导致的……当然大部分企业未必到如此程度，但是推过揽功、推诿责任的情况在组织里面还是比较常见的，常常将成功看作自己的功劳，失败一定是别人的问题；成功往往是内因导致的，失败往往是外因导致的。

1958 年，社会心理学家海德在他的著作《人际关系心理学》中提出了"归因理论"的概念，后来经过伯纳德·韦纳等心理学家得到了进一步的延展。他们认为对成功失败结果不同的归因，会对个人今后的工作和生活会产生重大的影响。

组织的问题肯定不是任何一个部门或一个人的问题，组织中的每个部门或每个人更应该从自己、从所在部门去看待问题，去解决问题，这样才有利于问题的解决；成功也肯定不是任何一个部门或某一个人的功劳，我们应该看到其他部门、其他人对此的付出，这样的组织氛围才是良性的。

组织如果有上述的这些官僚主义现象和问题，我们又该如何去破解？很多组织都有一些好的做法值得我们去借鉴和学习，以下总结了三种方法供大家参考。

坚持思想作风和工作作风整顿

作风建设是组织建设的法宝之一，是一个很好的以点带面的组织建设方法。需要每年持续开展的组织工作，要有固定的主题，也要有时事主题，比如有企业每年开两次业绩反思会，每季度一次自我批评会；时事主题主要是抓住企业或社会上的一些热点事件，比如互联网上热议的《华为眼中管理者的 18 中惰怠行为》，可以组织大家一起学习和自检，照照镜子，看看我们有没有这 18 种行为；比如在组织的内外部审计中发现的腐败行为，或者个别高级干部在关键事项上的不作为，这就要求组织的特殊岗位和管理团队进行自我批判、自我剖析，形成书面的反思材料和整改计划，不仅要有个人的自我反思，还要在企业大会上进行分享；书面材料要张贴，电子材料上平台，让全体员工监督自己，是否真心自我批评，是否真心愿意改进，通过群众来监督和督促。很多管理干部的材料都是要重写好几篇，而且必须经过企业负责人亲自审阅才能过关。

作风建设活动不要搞太多，太多了就做不细，干部也容易疲，每一次作风建设活动一定要精心设计和策划，要有内容，不能流于形式主义。每次作风建设开展一定要让一些具有不良作风的群体感到肉疼，感受到心灵的煎熬，感受到不改不行的压力，这就要求我们一定要结合企业的具体工作开展思想作风和工作作风建设，否则就是无米之炊，无源之水。

建立利益共享，责任共担的分配机制

作风建设是从精神层面去解决问题，同时我们也要从物质层面发挥指引的作用。分配机制对于企业来说，也是一个比较好的引导风向标，企业建立利益共享、责任共担的利益分配机制，将所有人绑在一起，一荣俱荣、一损俱损，任何人都不能独善其身。

分配机制常见的有奖金分配、权利分配两种。所谓的奖金分配，其实就是每个人都要和部门的绩效关联、每个部门都要和公司的绩效关联，公司收入利润高，年度目标达成后，相应的部门、个人也会有一个比较好的奖金系数；如果公司未达成，部门、个人的奖金系数就会比较低，在这个奖金系统中，我们再考虑部门、个人的差异化贡献，让所有人在收入利益上达到联动。权利分配也就是我们常常讲的干部任免，企业要有相应的干部选拔原则，就是我们一定是从成功的业务团队中为组织选拔干部，一定是从艰苦业务环境中成长起来的队伍里为组织选拔干部，同时从个人发展上去强化个人与组织的利益一致性，减少组织的内耗，强调组织的共生。

及时清理害群之马，保障组织纯洁性

大部分人可以通过精神、物质机制的引导，在意识和行动上朝着企业所期望的方向发展，当然也不排除个别人依然我行我素，这时就需要企业及时下决心，清理害群之马，保障组织的纯洁性。

对于组织中的害群之马，要看到他的危害，看到对其他人的影响，看到对组织氛围的破坏。有时候这样的人有着特殊的关系或地位，越是特殊，对组织的破坏力越大。

对于清理的方式还是有不少方法，我们既要解决问题，也要减少当下带来的影响，企业需要根据自己的实际情况进行处理，比如调整岗位，不再担任企业重要职务；转到非核心部门；合同到期不续签或者按照劳动法解除劳动关系等。

与官僚主义斗争是一个持久战，我们需要保持高度警惕，企业可以通过组织氛围调研、访谈、日常会议去关注动向。人力资源工作者要有敏锐的直觉，一旦发现风向不对，及时深入了解情况，找出原因并予以解决。

04

如何进行组织健康管理

医院有各种各样的仪器，我们可以用它们来帮助医生对病人进行科学诊断，看看哪里出了问题。即使没有生病，也可以通过体检的方式对人的身体进行预防性健康管理，把影响身体健康的不利因素消灭在萌芽状态。神医扁鹊曾对他们三兄弟的医术做了一番评价，扁鹊曰："长兄于病视神，未有形而除之，故名不出于家。中兄治病，其在毫毛，故名不出于闾。若扁鹊者，镵血脉，投毒药，敷肌肤，闲而名出闻于诸侯。"扁鹊认为三兄弟中他的大哥医术最为高明，疾病还未在形态上显露时就把它除掉；而自己则排在最后，因为只有病人病情严重时自己才能做出判断。组织和人一样，都需要进行健康管理，通过定期的诊断将问题解决在产生之前，解决在影响组织运作效率和经营效益之前，这才是最好的组织管理者。

优秀的企业，每年都会进行组织健康度的诊断，并将其结果与上一年度或者外部标杆数据进行比较，分析各个指标的变化趋势，了解自己组织的优势项以及待提升项。正如医生有仪器和各项生化指标等，组织管理者也需要有组织诊断的工具、方法和相应的组织指标，通过对组织运作相关数据进行收集、分析，进而判断组织的健康度，同时采取必要的干预措施，提升组织在某个方面的健康度水平。

在理论和实践层面上，我们有很多组织诊断模型可以借鉴。组织诊断模型可以帮助我们快速对组织运行的相关问题进行分类，为组织内外提供简练的统一化的组织语言。比较有影响力的组织诊断模型有：伯克－利特温组织绩效与变革模型、麦肯锡 7S 模型、加尔布雷斯星型组织模型、韦斯伯德六盒模型、盖洛普 Q12 敬业度、和信组织有效性模型等。每个模型都有一些侧重的使用场景，比如组织绩效与变革模型工具比较复杂，涉及 12 个要素，常常用于中大型企业的变革期；韦斯伯德六盒模型比较适用于中小规模的业务团队诊断；和信有效性组织模型和盖洛普 Q12 敬业度适用场景相对比较广泛的诊断，接下来我们重点讲解韦斯伯德六盒模型和盖洛普 Q12 敬业度，这两个模型结构清楚简洁，易于理解，方便使用，在很多企业得到了实践运用。

韦斯伯德六盒模型的介绍和运用

如图9所示，马文·韦斯伯德(Marvin·R·Weisbord)在其著作《组织诊断——六个盒子的理论与实践》中为我们指出：

1. 目标：我们从事的是什么类型的事业？

2. 结构：我们如何分配工作？

3. 关系：我们如何管理冲突？

4. 激励：我们是否有合适的激励机制？

5. 领导方式：有人在保持六个盒子的平衡吗？

6. 帮助机制：我们有恰当的协作机制吗？

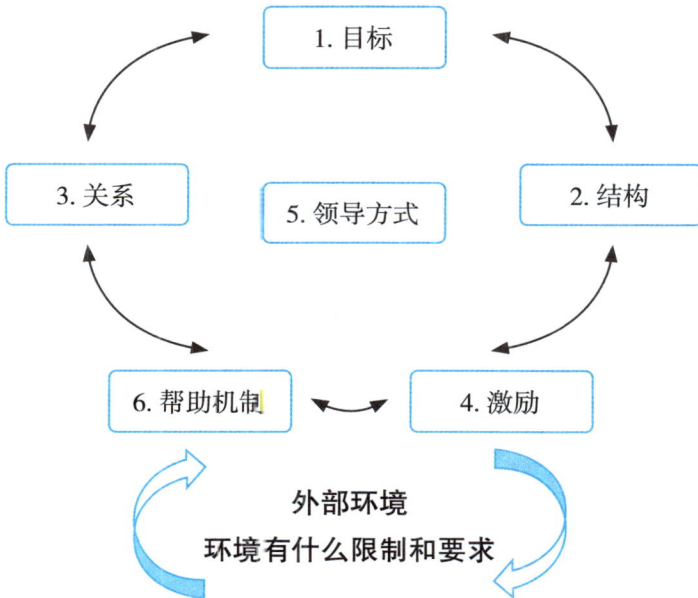

图9 组织诊断的"六个盒子"示意图

韦斯伯德在书中对六个盒子的应用以及如何干预进行了详细阐述，并提出了正式系统和非正式系统（如表2所示）。所谓正式系统是指纸面上存在的，一般来源于有根据的猜测，比如企业的宣言、声明、报告、文件等。非正式系统是指人们实际在执行的内容，对非正式系统的诊断，会关注人们做某些特定事情的频率，从中发现模式，并且去观察这些行为对组织绩效的影响。韦斯伯德采用举例而非穷尽的方式说明了正式或非正式系统的内容，企业需要根据自身实际情况增加或调整，以适应组织当下组织诊断的情景需要，这也是企业在运用过程中的一个挑战。

表 2　组织诊断"六个盒子"两大系统对比

盒子	正式系统	非正式系统
目标	目标、实施路径与衡量方式是什么？ 目标满足顾客需要吗？ 目标能随环境改变而改变吗？	员工的行为有利于实现目标吗？ 目标与经营结果一致吗？ 目标是否能够指导具体工作？
结构	企业现在采用哪种组织结构？ 组织结构能够适应环境变化吗？	分工与职责在实际运行中是否清晰？ 组织结构如何适应环境变化？
关系	各部门（人员）间需要如何协作？ 企业对需要协作的部门如何处理矛盾？	各部门（人员）相处得如何？ 企业实际处理矛盾的方式有效吗？
激励	目前的激励体系是什么？ 激励规则设计是否着眼于重要目标达成？	员工对激励体系的评价如何？ 激励规则的实施是否有利于重要目标达成？
领导	领导者采用什么方式使企业各方面运行顺利？ 领导方式的特征是什么？	员工如何参与企业管理？ 领导方式的优、缺点表现在哪些方面？
机制	企业存在哪些有用的机制？	实际采用的机制是什么？有用吗？

来源于马文·韦斯伯德《组织诊断——六个盒子的理论与实践》

盖洛普 Q12 敬业度

美国盖洛普公司非常重视对员工动机的量化研究，并就员工动机对公司盈利能力的影响进行了长期关注和分析，通过对数据库 1000 万份反馈分析得出了 12 个关键要素。这些关键要素影响着企业销售业绩、盈利能力、生产力、离职率等经营指标，得分较高的企业，往往业务收入增长率、利润等处于行业较高水平。因此这 12 个关键要素，被称为 Q12 敬业度。

Q1：我知道公司对我的工作要求。

Q2：我有做好我的工作所需要的材料和设备。

Q3：在工作中，我每天都有机会做我最擅长做的事。

Q4：在过去的七天里，我因工作出色受到表扬。

Q5：我觉得我的主管和同事关心我的个人情况。

Q6：工作单位有人鼓励我的发展。

Q7：在工作中，我觉得我的意见受到重视。

Q8：公司的使命、目标使我觉得我的工作很重要。

Q9：我的同事们致力于高质量的工作。

Q10：我在工作单位有一个最要好的朋友。

Q11：在过去的六个月内，工作单位有人和我谈及我的进步。

Q12：过去的一段时间里，我在工作中有机会学习和成长。

盖洛普公司提供了各地区、各行业 Q12 的不同分位的得分情况，便于各企业进行对标管理。

企业可以通过人力资源团队或第三方进行组织健康度管理项目，如果是第一次开展，企业内部往往对组织健康度理念以及工具运用等会存在一定的质疑或困惑，企业人力资源团队在这方面比较专业且以往有过类似项目的成功经验，那是可以独立运作的；如果没有，我们更倾向于建议企业请第三方专业机构主导，一方面，第三方专业机构属于相对客观和中立的专家角色，可以为人力资源团队提供指导，对内更具有说服力和影响力。而另一方面，可以通过第三方顾问主导这个项目，为人力资源团队赋能，提升团队的专业性，为以后人力资源团队自行主导该项目做好基础工作。那么组织健康度管理主要包括三个关键步骤：组织诊断、组织干预、跟进评价。

组织诊断

不同的组织诊断模型适用于不同的管理情景，我们需要根据当下企业管理情景选择合适的组织诊断工具，同时也要考虑企业管理成熟度，成熟度高的企业相对容易接受和理解较为复杂的模型工具。

组织诊断环节包括三个方面：数据收集、分析判断、深度挖掘。

数据收集方式常见的主要有问卷调研、结构性访谈。大部分组织诊断模型都有相应的诊断问卷或指引，企业可以根据自己的需要进行微调，选择企业员工更容易理解的语言，确保员工对问卷信息或者访谈问题没有歧义，不影响当事人的判断。问卷比较适用于大规模收集基础信息的工具，大部分企业可以借助于信息化手段，通过线上问卷的形式快速收集数据，运用统计方法进行定量分析；同时结构性访谈可以作为重要的定性信息补充，在深度分析上更有优势，它有一对一访谈和群体访谈两种，针对不同层级的访谈顺序，一般我们建议先访谈中层干部和基层员工代表，之后再基于前期的结果和高层进行沟通，有利于对前期访谈收集到的信息进行厘清和互动。有些人力资源同事或外部顾问会直接和高层沟通，反而会因为没有掌握一手信息，没有碰撞，没有厘清，大大弱化了和高层沟通的价值，更没有让高层感受到组织诊断的价值。高层需要的不是把他知道的讲给你听，而是让你把他不知道的、和他认知不一样的信息传递给他，这才是高层所期待的信息收集的基本功能和价值。

收集信息数据后，我们就要进行初步的分析和判断，通过统计分析工具重点围绕以下几个方面进行分析；

1.组织诊断维度之间的高低值，注意并非高分一定没问题，也不是低分一定有问题。

2. 各个维度与企业历史值或外部标杆值的重大偏差值，尤其是还在呈扩大趋势的维度。

3. 不同层级、不同群体对同一维度的差异。

4. 模型各维度之间的影响和被影响关系。

我们要注意一点，调研呈现的数据和分析更多的是问题的线索，未必是问题本身；更多的是问题的表象，未必是问题的本质，因此，我们需要围绕重点关注的维度，进一步进行挖掘，找到问题背后的根因，一般常用的有访谈或者工作坊等形式，找到涉及维度的重点关系人，有时候甚至可以邀请相关组织的外部人士，比如核心供应商、大客户等参与进来。这个过程不仅仅是为了进一步澄清、厘清问题本身，同时也可以通过群策群力的方式让问题解决涉及的相关关系人深度介入，为组织干预做好准备，在视觉和心理上达到"共同看见"的效果。

基于定量和定性的分析，我们可以初步判断组织在哪些方面存在问题，常见的问题有这样几类：

1. 战略方向：明确的目标实现路径，与竞争对手的差异性，战略对组织、人才、文化的需求和挑战等，组织上下对这些方面是否有识别、澄清的动作，并在上下达成战略共识。

2. 结构方面：组织结构与战略、业务的匹配性，在功能上是否存在缺失、错位、弱化或交叉等，在运作上组织结构是否有利于战略目标的推进和实施。生产力决定生产关系，生产关系反作用于生产力，组织结构就是一种生产关系的体现，良好的组织结构可以促进组织业务的发展，而不匹配的组织结构往往会适得其反，影响或掣肘组织业务的发展。

3. 流程方面：流程执行是否具有顺畅性，流程关键控制点的设置是否具有合理性，流程涉及的、流程所有者、流程绩效指标、岗位分工、职责边界等是否清晰、明确等。

4. 人才方面：在人才标准、人才评价、人才盘点和人才培养上的体系完整性和系统性，实际过程中人才供给是否满足企业需求，人才厚度和准备度是否可以预防人才风险等。

5. 文化方面：文化基因与战略、人才的匹配性，企业在文化的知、信、行方面是否有明确的落地策略和管理措施，不同层级对文化是否存在认知偏差等。

6. 机制方面：组织在绩效、激励和协同机制上是否对业务具有导向性和一致性等。

组织干预

组织诊断的目的是发现问题并解决问题，所以当问题诊断和识别出来之后，就需要我们评判当下对组织哪一类问题采取必要的干预措施。组织干预的手段和方式很多，根据干预对象来说可以分为个体干预、群体干预和组织干预。个体干预主要包括培训与发展，评价者反馈、反思、指导，工作设计与职位描述、价值澄清与价值整合，行动学习法等。群体干预主要包括团队建设、会议召集、冲突管理、"玻璃鱼缸"式会议。组织干预主要包括组织结构设计、流程优化与再造、人才建设、绩效改进、文化变革和落地、战略澄清和共识等类型。我们围绕几类常用的方式介绍如下：

1. 评价者反馈：根据反馈的对象，可以是单维度反馈，比如上级反馈，也可以是多维度范围，被评价者周边人员 360° 反馈。通过评价者反馈可以及时将信息传递给被评价者，比如绩效结果、好的或不好的行为、内外部客户的期望等，这是一个信息同频的工具，通过评价者反馈让被评价者知道他之前所不知道的信息。

2. 工作设计与职位描述：通过对工作模块的设计和职位内容描述，增加或者减少工作内容的多样性、明确性，在工作效益与工作满意度、工作履行与工作成长、工作边界和工作灵活性等方面寻找平衡点，继而提高员工对组织的满意度。

3. 团队建设：在团队建设方面，常常通过一些活动的设计来解决团队当前的一些问题，比如新建团队的融合、破冰；团队目标的建立和澄清、新的角色和责任的确定、人际关系的改善等，通过团队建设来改善团队运作，提高团队有效性，当然团队建设的具体内容和方式也要和团队成员的特质相结合，不能为了团建而团建，鼓动团队成员自行设计、自行组织，以一种他们认可的方式实现组织的小目标。

4. "玻璃鱼缸"式会议：当团队重点成员们并未意识到他们之间的互动对于团队运作所产生的影响时，我们可以采用"玻璃鱼缸"式会议。将某一个小组安置在中间，和日常一样履行角色和职责，而其他人则在四周，就像观赏鱼缸里的鱼儿一样观察这个小组，然后给予相关的反馈。

5. 结构设计：在组织业务发展的不同阶段，相应的组织结构也随之进化，以达成对生产力发展的适应。在组织诊断过程中，如果发现现有组织结构不能满足组织业务当下和未来的发展，那么我们就考虑组织结构的进化，选择相适应的组织结构。组织结构的调整往往会给企业带来阵痛，权责利格局发生变化，原有的组织运作系统逐步弱化，新的运作系统正在形成过程中，这个过程中往往容易出现真空地节或者冲突地带。这个时候在正确的方向上坚持下去往往尤为重要，除了专业组织管理专家外，企业负责人的作用也较为突出，企业负责人是企业的无形的首席组织官，他在这个组织变革过程中的作用是不可替代的。

6. 流程优化与再造：吉尔里·A·拉姆勒（Geary A·Rummler）和艾伦·P·布

拉奇（Alan P·Brache）在《流程圣经》一书中阐述了绩效三层面模型，分别为组织绩效、流程绩效和岗位绩效，在对流程进行干预时，核心在于如何提升流程绩效，强烈建议流程层是最需要启动重大变革之处，清晰的战略、逻辑分明的上下级关系（组织层）以及技能、素质兼备的人才（岗位层）都弥补不了流程上的缺陷。流程主要包括主流程、支持类流程和管理类流程，对流程的变革主要就是建立规范的流程体系、定期评估流程的运作绩效、建立流程持续的机制以及流程信息化。

7. 人才建设：人才是企业最宝贵的资产，这方面常用的干预手段较多，包括企业人才标准的建立、核心岗位人岗匹配度、人才选拔评价机制、中高层和核心专业人才的盘点和培养项目、核心人员外部引进和合作等。

跟进评价

诊断出企业存在的问题并明确了相应的干预措施，组织还需要确保干预措施能够有效落地、解决所诊断的问题，并形成闭环管理和长效管理机制，有以下三个方面尤为需要关注：

1. 关系人管理。

如何让问题涉及的相关关系人积极参与到问题改进中尤为重要，很多企业组织健康管理无法呈现好的效果，很重要的一点就是负责组织健康管理的人力资源部门或外聘第三方顾问与组织内部的关系人没有形成统一战线，组织内部的关系人往往认为这是人力资源部门或外聘顾问的事情，他们会站在旁观者的角度，看看你们准备如何操作，甚至想看看你们失败的形象，这是组织健康管理在开始阶段没有很好地统一大家的思想、没有统一好项目的团队阵营造成的，组织的问题是所有人的问题，问题的解决是需要大家一起来实现的，尤其是中高级管理干部。华为有句话说得很好，胜则举杯相庆，败则拼死相救。

所以组织健康管理从一开始的组织诊断就需要让关键关系人全身心参与，成为组织健康管理项目中的一员。在此过程中，无论是人力资源部门还是外聘顾问，始终与他们保持良好的沟通，深度交流获取的信息，开诚布公地对问题进行厘清，最终达成一致。所谓的一致并非大家的意见保持完全一致，而是能够求同存异，争取同的部分占主要地位。

2. 行动计划和定期跟进。

任何一项干预措施，都是要制订详细、明确的行动计划，包括具体事项步骤、完成标志、截止时间、交付成果和责任人。

有了行动计划并非能够自动实现，组织需要通过每月、每周的会议等形式来跟进行动计划的落实，任何的延误、偏差要及时沟通并纠偏，同时在实施过程中，对一些当初考虑不周的措施或者在这一过程中能发现更好的干预手段，项目组可以组织相关人员及时讨论并修正行动计划。没有完美的行动计划和措施，只有不断完善的行动计划和措施。

3. 复盘与体系建设。

组织健康管理工作获得阶段性成果后，要及时进行复盘，通过复盘总结出哪些目标达成了，哪些目标没有达成；哪些是做得好的，哪些是做得不好的；一些关键点决策我们是如何思考的，后续事态发展是否和我们预期一致，是什么因素导致了不一致；如果再来一次，我们是否还会坚持曾经的决策。复盘是一种组织经验沉淀的方式，不断复盘，可以提升我们组织健康管理的能力，同时，复盘也是一次团队实现共识的过程。

我们需要把组织健康管理过程中的一些取得较好成果的干预措施变成企业运营过程中的长效机制。项目组需要思考如何将它们融入组织的流程、制度、机制中，变成组织日常运营的一部分。通过体系建设，将组织健康管理过程中的一次性行为变成组织日常性行为，不因人的变化、时间的变化而更改，要发挥组织经验沉淀的作用。

05

如何掌握绩效工具
而非被绩效工具掌控

为什么企业绩效这么难？

绩效管理成了 HR 的"眼中钉"，何以解痛？

有人说 KPI 害了索尼？

有人说小米不搞 KPI 了？

有人说 KPI 不行，我们要推行 OKR 了？

我们看到了使用 KPI+PBC 的华为销售额达到6000 亿了！

我们看到了使用 BSC+KPI 的腾讯主导着我们的社交圈了！

我们看到了使用 OKR 的谷歌持续技术创新了！

"绩效"这把绝世好剑，为什么有些人用着就成功了，而有些人却失败了呢？即使是同一把剑，同一个工具，也是做得好坏参半。要想理解好这些问题，关键还是要理解绩效管理到底有何用处，回归到问题的原点。

分配利益

分配利益其实就是分钱，任正非曾经说过，华为公司发展到今天，他自己没做什么实质性的贡献，如果一定要说有什么贡献的话，就是华为在分钱的问题上他没有犯大的错误。要想分钱分得好，前提是要有一套完整的价值评估机制。价值评估机制是一个以业绩评价为主，包括关键事件评价、能力评价、价值观评价的综合评估体系。绩效管理往往就是其中非常重要的一项内容，但并不是唯一的。那么从业绩评价角度出发，OKR 是否合适呢？一些企业都在尝试推进 OKR，OKR 作为一个比较好的目标管理落地方法论，其本质是推动组织和个人设定和挑战更高的目标，如果用来分配利益，那么还能发挥它的作用吗？显然是不能的。

统一思想

不是 KPI 扭曲了价值观，而是企业的价值观导向在扭曲 KPI 的运用。一个树立客户至上价值观的企业，KPI 指标中有多少是围绕客户需求维度设立的？一个树立研发至上价值观的企业，KPI 指标中又有多少是围绕着技术创新维度设立的呢？我们关心客户，却很少站在客户的角度去评估自己；我们关心员工，却很少站在员工的角度去评估自己。

首先企业自身要统一思想，有一个合适且正确的经营价值观，基于价值导向去设置合理的 KPI，进而让企业员工理解公司到底需要什么样的员工，考核标准是什么，自己应该做什么，同时又能得到什么。所以 KPI 作为一种工具，关键在于运用者怎么去用，其他工具也同样如此。

落实战略

这是绩效管理的本质，卡普兰和诺顿两位大师从战略的角度升华了绩效管理的高度，提出了绩效管理是需要推动公司战略落地的角色，这是企业推行绩效管理最终回归的原点，也是绩效管理的核心价值所在。所以说，绩效管理必须是一个既能接仙气，又能接地气的管理体系，贯穿于企业整体经营管理过程中。

基于上述的期望实现的目标，我们在企业中推行绩效管理，需要把握四点内容。

第一，不唯工具论

很多企业在推行绩效管理时总是不知选择何种方法论，KPI、BSC，还是OKR？其实不用纠结，我们需要做的是理解每个方法论产生的背景和核心价值诉求；同时梳理我们企业希望通过绩效管理解决什么问题，围绕需要解决的问题选择合适的方法论，最终往往是几个方法论的复合体。

对具体方法论的阐述，还是需要我们花些时间深度阅读绩效管理经典著作，比如德鲁克的《管理的实践》，谈到了目标管理；关于平衡记分卡——BSC，大家可以阅读卡普兰和诺顿的《平衡记分卡——化战略为行动》《战略中心组织》《战略地图》《组织协同》《平衡记分卡战略实践》；关于OKR，可以阅读约翰·杜尔的《这就是OKR》、克里斯蒂娜·沃特克的《OKR工作法》。

不用把过多时间放在阅读碎片化的文章上，只有经典著作才比较有体系和系统，才能让你全面地认识一个事物或方法。同时要关注最佳实践，理论只有在指导出成功实践的时候才能算是好的理论，所以我们要学习最佳实践，在自己或别人的实践中理解理论，掌握理论落地的方法，少走别人已经踩过的坑。学习最佳实践要重点关注以下三个方面：

背景：解决为什么的问题。为什么这家企业在这个阶段选择做这个事情，是什么发生了变化，遇到了什么挑战，要解决什么样的问题，通过什么来评估问题是否得到解决。

方案：解决如何做的问题。方案的核心理念和原则是什么，这是解决问题的风向标；措施是如何切入和解决问题，考虑的是理论依据和现实痛点切入口；预计的风险和防控措施是什么，考虑的是底线。

回顾：解决复盘总结的问题。效果是否达到预期，哪些达成了，哪些没有达成；过程中遇到了哪些计划外的问题以及如何解决；如果我们的企业也要做，我们会在这些实践基础上做哪些调整。

第二，动态发展论

现在市场环境、行业发展、企业经营模式变化很快，任何一个单一的绩效管理理念和方法很难一招鲜吃遍天，基本每年都要微调，每两三年要进行结构上的大调整。

华为的绩效在考核内容、考核维度、考核导向、考核工具上都是随着经营战略的变化而调整，比如华为市场体系的考核激励机制从最早的个人提成制到团队奖金制，再到综合评价制，相应的考核理念和方法都是要随之变动的，既体现了当时企业的发展需要，也是一个管理体系不断完善和丰富的过程。

笔者在 3C 行业上市公司任职事业群 HR 负责人时，每年在业务规划完成后，都要立刻组织开展事业群、各事业部的当年绩效激励回顾并制定明年绩效激励方案，确保每年的绩效激励能够和事业群的业务规划保持一致，业务规划为绩效激励的制定提供了指导方向。如果一个企业的绩效激励方案可以用几年或者长期使用，那么这个方案一定是无法支撑或无法推动所在企业业务目标实现的。笔者在评估事业群和各事业部绩效激励方案时，就是看这个方案能不能让自己一眼看出来它的业务重点方向，如果一眼就能看出它的业务方向和期待的突破点，那么我觉得这个方案是对症下药的，是有灵魂的。

第三，一把手工程论

绩效管理有两个很重要的着眼点：一个是战略方向不偏航，一个是思想统一不分裂，这都是系统的自上而下的大工程。

一把手不能置身事外，如果没有一把手参加，人力资源部推动绩效管理体系必然失败。各级组织一把手的支持是人力资源管理工作推进的重要保障，我们看到优秀企业的一把手往往投入较多的时间在企业的人力资源建设工作中，承担起"CEO是企业第一人力资源负责人"的角色。企业一把手要在公司战略目标、目标横纵向分解对齐、考核激励价值导向、绩效管理和业务管理互相促进和融合的实现路线上，深度参与并着重研讨，发表自己的观点，甚至能在关键时刻拍板决定。

第四，系统工程论

绩效管理是一个系统工程，它需要与企业战略、文化、人力资源管理、信息管理等体系密切联动，甚至要带动其他管理体系进行同步优化和调整，所以对于推行者来说，需要很多的资源协调的能量以及组织体制的保障。绩效管理一定要融入组织管理和业务管理中，不是双通道或多通道并行，而是一个通道，相互促进和转化，它是为组织管理、业务管理提供的一个支持和保障。很多企业的绩效管理仅仅是增加了类似于填表、填数据之类的工作，并没有与企业现有的管理工作进行融合，这种管理不但没有看到增值的部分，还会产生额外的工作，得不偿失。比如作为医药集团，我们需要对下属企业的研发项目进行考核，集团人力资源部一定要和集团研发中心确定好，如何对下属企业进行研发过程和结果的管理，例如，管什么，怎么管，管到什么程度以及可能存在的风险，确定好这些内容之后，我们以此为基准设定相应的考核方式和内容，研发中心也要将这些绩效考核的方式和内容内化到集团日常的研发管理过程中。当我们在考核上有分歧的时候，一定是回到上一步，即对研发管理的沟通上，这是人力资源支撑业务的本质。而所有的绩效过程管理和结果管理的数据、行动都变成了研发日常管理的数据和行动。

06

如何衡量组织薪酬竞争力

　　企业都希望引进优秀的人才，优秀的人才也都希望加入有前景的发展平台。所谓有前景的发展平台，主要有两个指标，一个是企业处于快速发展通道，能够给人才提供更好的发展机会，另外一个就是组织的付薪竞争力，两者往往存在正相关关系，越是处于高速发展通道的企业，往往越愿意在人才市场中一掷千金抢夺人才；越是处于缓慢发展阶段的企业，越注重控制人工成本，往往在人才投资上较为谨慎。本篇内容我们就重点讲述如何衡量组织的付薪竞争力，通过对付薪竞争力的衡量，可以发现企业在人才市场中的吸引力。

　　那么如何衡量组织的付薪竞争力呢？我们将其拆解为两个子维度，即组织是否愿意支付更高的薪酬和组织是否具备持续支付的能力。

组织是否愿意支付更高的薪酬

在这个维度上，我们可以用组织的"人均薪酬"指标来进行衡量，各家企业对薪酬数据都是非常保密的，如果要获得比较靠谱的数据主要靠一些知名的薪酬调研公司。如果你想了解的企业是上市公司，会比较容易，上市公司具有信息披露的义务，每年都会发布企业年报，在年报中可以获取相关信息。比如在年报中，企业会披露报告期末母公司和主要子公司的员工情况，这里面就有企业总人数、各专业构成类别的人数以及企业人员的学历结构；而在合并现金流量表中有一列"支付给职工及为职工支付的现金"，这个数据表示企业在当年度支付员工人工成本的现金支出。这样我们就可以得出该企业的人均成本。通过人员专业构成和学历结构，你也可以大体知道该企业员工的整体层次。

通过这个数据的比例，我们可以看到不同行业和企业之间的付薪竞争力。不同行业的付薪竞争力直接决定了职场人员选择的价值，如果我们在一个人均薪酬相对较高的行业，那么我们可以降维获取低人均薪酬的行业的通用型人才，比如人力、财务等；那么作为行业性人才，还需要在本行业或周边行业进行寻找，这时我们可以重点瞄准人均薪酬水平低于我们且人才质量能够满足我们要求的企业，这往往是获得大批人才的通路。

如果我们企业的付薪竞争力低于同行业水平，也低于其他行业水平，那么我们如何获取自己想要的人才？第一，要看我们的经营质量，质量较高的，属于有钱但舍不得花钱，我们可以考虑增加关键岗位的人才投资，提高关键人才的薪酬水平。第二，企业经营质量确实较低，属于缺钱状态，这时就要提升企业经营效益和效率了，通过引进高质量人才逐步替换企业内部人员，从而达到一个人发挥两个人的作用，拿 1.5 个人的工资。我们一般用企业经营利润来衡量企业的经营质量，在新兴行业也会用企业估值来衡量企业的经营质量。

组织是否具备持续支付的能力

2020 年年初疫情刚开始的时候，口罩行业获得了井喷式发展，许多其他行业的企业为了快速进入这个风口领域，在市场上不惜一切代价招揽人才，口罩以及口罩机生产厂商的一些工程师立马身价高涨，成为企业争抢的宠儿。巴菲特说过："退潮之后，才知道谁在裸泳。"当市场需求得到满足后，一些生产力往往过剩，企业不再具备持续支付高薪酬的能力，这时往往要么企业出局，要么高薪人才出局。

所以，我们不仅仅要看组织是否愿意支付更高的薪酬，还要看组织是否具备持续支付的能力。如何判断？第一，看行业，行业的持续性往往决定了企业的持续性，有些行业的快速发展往往是昙花一现，当你看到不管大企业还是小企业，大家都在涌进去的时候，你要看这个行业的产品真的有那么多需求吗？能持久吗？第二，看组织支付更高薪酬是否能带来更高的价值，只有给企业带来更多的价值，企业才会持续投入。我们常常用"人力资本投资回报率"来确定某个产品是否要做，即企业利润除以人工成本，也就是企业在人力资本上投入一元，可以获得多少的利润回报。当回报率越高时，组织往往越愿意持续投入。

我们通过对标各企业数据，如果发现自己所在企业的人力资本投资回报率处于中上水平，那就说明我们企业人力资本投入产出比是有价值的；如果我们的人均薪酬水平没有优势，那么我们是有实力增加的；如果所在企业的人力资本投资回报率处于中下水平，那就说明我们企业人力资本投入和产出不成正比，这时就要考虑是我们支付了更高的不合理的薪酬，还是我们的人力资本效率低下，没有发挥价值。

我们通过人均薪酬和人力资本投资回报率将所有企业分为四类，形成四象限矩阵（如图 10 所示），根据各象限的特点，有针对性地采取有效措施，最大化提高组织的薪酬竞争力。

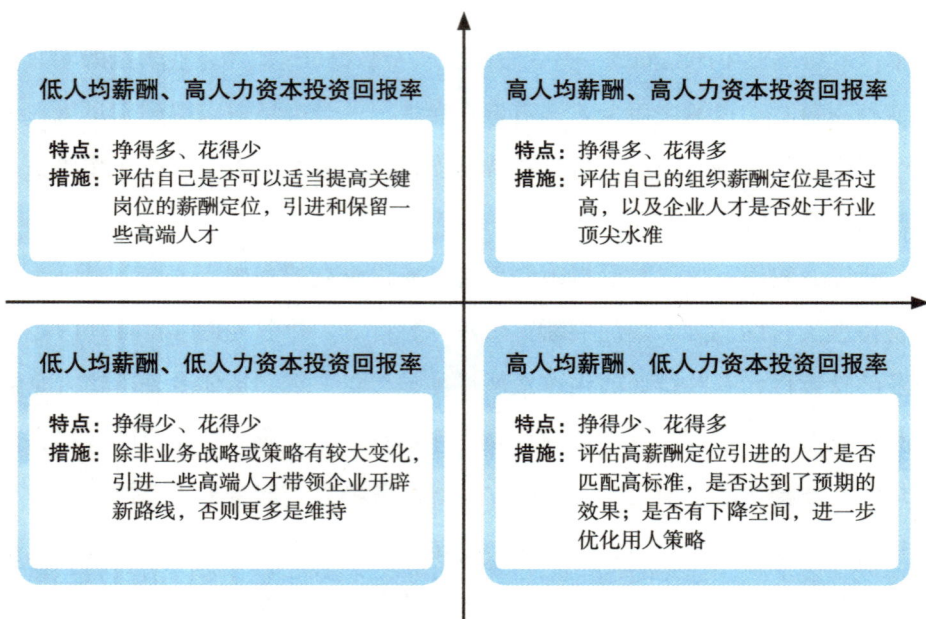

图 10　企业人均薪酬和人力资本投资回报率的四象限矩阵

07

如何设计有竞争力的激励方式

激励是组织中看不见的一只手，它在无形之中影响着组织中团队和个人的行为导向，没有激励的绩效管理是无力和苍白的，没有绩效管理做支撑的激励也是无源之水、无本之木。华为任正非曾经说过："我在华为20多年做的最重要的事情就是分钱。"可见激励不是小事情，激励好了大家有冲劲，让更多的人想着怎么把工作干好、分到更多的钱，钱没分好往往会导致组织涣散，使能干事的人没有积极性，浑水摸鱼的人也就更多了。

激励的本质是组织收益再分配，所以它是以对组织的贡献度作为衡量标尺，是一个非常具有结果导向的事情。我们要少谈苦劳多谈功劳，少谈过程多谈结果，少谈不是不谈，而是处于从属的位置，在具体设计企业的激励方案过程中，我们可以重点关注以下几个着力点。

增量和存量

激励首先面临的就是对增量和存量两种业务结果的看法，这个需要结合企业发展阶段和业务本身的特点去看待。

比如企业处于创业期、成长阶段，面临快速拓展市场、扩大市场占有率的局面，那么在激励额度或比例上一定是重增量激励，轻存量激励，鼓励大家多创造增量业务。想要多挣钱，只能多开拓新客户、新业务、新市场，让依靠存量激励的人的奖金越来越少，避免业务团队躺在历史的功劳簿上睡觉吃红利。当企业处于成熟阶段时，外部市场趋于饱和，本身就是一个存量市场，增量空间较小，反而要思考如何保持现有客户的存量，防止现有客户的业务流失尤为重要，所以对于成熟阶段的存量激励就不能过低。

针对增量和存量的时间划分在实际运用中往往也有不同的标准，有些企业是客户开发后一年内算增量，一年后划入存量管理，有些企业则会设计时间长一些，这个主要考虑对增量开发人员的激励持续性以及本身业务拓展的周期长短和难易度。

目标和提成

目标制和提成制是两种常见激励计算的方式。

目标制即个人达到一定业务目标时，企业给予一定金额的激励，有的采用固定奖金金额，有的采用激励系数。比如业务人员完成 1000 万元指标，给予奖金基数（一般以个人月薪作为基数）10 倍的激励系数。企业往往根据完成业务目标的不同，阶梯设置差异化的激励系数。

提成制即根据完成的销售收入给予一定比例的提成，有些企业是统一为一个提成系数，有些企业会设置阶梯式差异化的提成系数。比如企业给予业务人员 1% 的提成，那么今年完成 1000 万元，可以提成 10 万元奖金；也可以 1000 万元以内设置 1% 的提成比例，超过 1000 万元的部分给予 1.5% 的提成比例。

那么企业如何选择目标制和提成制呢？有几个维度可以参考。

业务实现过程中靠团队还是靠个人多一些。如果某个业务目标的实现，更多的是基于业务人员个人，往往这个业务实现的过程较为简单（简单不等于容易），那么提成制更有优势；如果基于团队多一些，尤其是依靠企业中后台组织的支持，往往业务实现的过程较为复杂，那么目标制更合适。

业务考核方向是以销售收入或利润为主，还是需要结合其他较多的管理指标要求。如果对人员的考核简单以销售收入或利润为主，那么提成制较为合适，好操作，但容易出现短期行为；如果除了经营指标外，还有其他一定比重的管理指标要求，说明企业非常关注影响业务实现的长期管理要求，那么目标制更为稳妥。

业务发展阶段也会影响方式的选择，如处于初创期，企业为了激发员工的战斗力，往往用提成制较多。提成制对组织也是一种隐形的"毒药"，过于激发了人员的物质欲望，让人更容易短视，一旦这样的物质激励效果减弱，往往会对组织形成破坏性打击，所以企业在经历成长期后，需要逐步过渡到目标制。

企业在激励方式的选择上还要参考行业的通常做法，我们可以研究一下哪些行业偏向提成制，哪些行业偏向目标制，这些行业又有哪些特征，同一行业也可以观察处于不同发展阶段的企业在方式选择上的特点。

业务和职能

在激励方案的制定中，前台业务单元的方案和方式相对好选择，因为它们具有明确的业务成果和贡献，容易量化，也比较好衡量；而处于中后台的职能单元一直是个难点，贡献无法用直接、客观的数据或成果来衡量。

职能单位一般采用奖金包的形式，具体操作分为两种性质，一类是业务支持型的，为业务提供直接支持和服务，我们可以根据所服务的业务部门业绩完成情况以及业务部门对此职能部门的评价进行激励方式和奖金系数的设计；另外一类是战略支持型的，为组织提供战略支持和保障，这类往往根据企业整体业绩以及该部门重点工作完成情况进行激励方式和奖金系数的设计。在职能部门内部，可以根据各个岗位的贡献价值系数和绩效评价系数进行内部的二次分配，这个过程主要依靠部门负责人和人力资源业务伙伴的绩效管理水平，一个比较好的方式就是绩效结果的团队内部公开化，而绩效结果是决定奖金的重要依据。这样既可以避免一些团队负责人的暗箱操作，同时又可以兼顾企业薪酬保密机制。

组织和个人

另一个需要思考的是平衡个人和组织的绩效和激励关联，如果组织的整体业绩达成，那么势必不会影响个人绩效和激励的结果；如果组织的整体业绩未达成，那么完成自身业绩的个人是否受到影响。很多企业在绩效和激励上都会有一个前提，就是企业的业务目标必须完成，如没有完成，个人激励会有影响，就会不发或者少发。

这里提醒三点，一是个体激励与组织捆绑是可以的，但要考虑个体对组织业绩的影响力。比如个体对所在产品线或所在地区业绩的影响肯定比对其所属的事业部或事业群影响大，对事业部或事业群的影响肯定比对整个企业或集团的影响要大。所以，我们要选择一个合适的组织载体，不能过大，超出影响力范围，那就违背了通过激励激发人的主观能动性的初衷。二是考虑奖金在整个薪酬体系中的占比，要考虑如果没有发放奖金，那么对薪酬体系的冲击力有多大，还能不能留住优秀员工。当奖金占比较大的情况下，而我们也希望通过高奖金留住高绩效的员工，那么建议组织业绩对个人激励的影响控制在一些范围内，确保优秀的员工在完成自身的业务指标时可以获得有竞争力的薪酬水平。三是职能人员与组织的关联度要远超业务人员与组织的关联度，作为中后台的职能人员的薪酬结构以及他们的考核激励方式，决定了他们与组织整体绩效目标实现的一荣俱荣、一损俱损的关系，所以职能人员与其所服务的业务整体业绩要深度捆绑。

投入与产出

在激励方案测算阶段，我们需要思考如何评价激励方案的有效性，其中一个重要的评价指标就是投入产出比。激励奖金的增加带来的业务增加，以及整体薪酬（包括奖金）占销售收入比例，由这两个指标可以得出公司在人工成本或奖金的一元投入，带来多少收入或收入的增量。通过这两个指标与外界标杆进行对比，可以了解我们的人效是否有优势，薪酬水平是否有竞争力，在和企业历史对比时，我们的投入产出比是升高还是降低了。

对于这两个指标，我们还可以根据业务颗粒度进行更细维度的拆解，比如不同地区、不同产品线等，找到影响组织激励投入产出比的绩效洼地。

物质和精神

在激励中，物质是基础，也是不可或缺的部分，但并不是全部，一个企业的员工除了需要物质的保障和回报外，更需要精神与文化的感染和激励，这样才能有灵魂。

所以在企业的激励体系中，需要平衡物质和精神两种手段和方式。精神激励包括荣誉激励、成就激励、关怀激励、感情激励、发展激励等方式。有的企业每年会邀请优秀员工的父母来公司参观以及组织全家游，让父母参加优秀员工的表彰大会等；有的企业会给予有特别贡献的员工攻读 MBA 学习的机会；也有的给予员工各种形式的勋章、称号，或者参加总裁恳谈会等，激发员工的成就感和荣誉感。

设计有竞争力的激励方式既是企业寻求业务突破的战略保障，也是企业保留和激发核心人才的重要手段。

08

Z 世代给组织管理带来的挑战

    Z 世代也被称为 Generation Z，即互联网世代，对其具体的年份，专家说法不一。一般来说，是指 1995 年以后出生的一代人，他们算是真正的数字时代原住民，他们是深受智能手机、平板电脑等科技产物影响较大的一代人，目前国内这批人的人口规模预计达到三亿人，而这些人已经逐步走进了职场。对 Z 世代人群的研究有助于我们更好地认识他们，预判他们对企业组织管理带来的挑战以及我们如何进行应对。

    Z 世代具有强烈的本土文化倾向，他们热爱国货、国潮、国风，喜欢在共同的兴趣爱好中寻找和建立认同感及归属感。Z 世代也是一群追求自己个性并主动发声的群体，他们既是互联网内容的消费者，也是互联网内容的生产者，具有较强的独立自主性。

    2022 年中科院心理学研究所的一项研究显示：

"95后"和"00后"员工在工作中首先渴望的是尊重和自由，其次是个人成长与晋升空间，最后是情感归属。薪资、奖金等直接的物质回馈往往不在他们的首要考虑范围内。在很多公开的论坛、自媒体上，我们都能感受到年轻的职场人对工作需求的态度和价值取向——比起可见的收入，他们更在意自己的价值是否得到认可，以及是否被看作一个独立个体。

这对很多有亮点的中小型企业甚至创业企业来说，是一个非常好的机会，他们相对大企业来说，在薪资奖金上没有竞争力，但是在尊重、自由、成长这些软性竞争力上，是可以有所作为的，相对大企业更有弹性的空间。Z世代不再甘于做一个大机器上的小螺丝钉，他们看重的是在这个平台上展现"个体的自我"的可能性，即使是小平台也无所谓。

Z世代进入职场的另外一个特征就是高离职率、低团队参与度。他们对工作与生活的边界认识是泾渭分明的，到点下班是常态，周末更别奢望他们可以自愿来加班，团建活动对他们来说更像是一种灾难，当然他们自己感兴趣的话另说。他们这一代没有太多的经济压力，一旦工作不是他们想要的，他们随时会选择离开，对他们来说"诗和远方"才是重要的。

面对越来越多的Z世代加入企业，在组织结构、文化建设、人才管理等方面，我们应该如何应对呢？

在组织结构上，弗雷德里克·莱卢在其著作《重塑组织》中阐述了一种新的进化型组织结构——青色组织。这是他在大量研究后，总结提炼出的一种组织结构，认为这种结构可以突破现有组织结构的局限性。青色组织是一种自组织、自驱动的进化型组织，组织里的人因完全热爱而工作，他们高度协同，能充分地展现自我，实现个人价值，没有来自上级的压力，人与人之间是一种公平的深度联结。这样的组织相对传统组织结构更能匹配Z世代特征，弱化的上下级组织更强调的是一种横向的关系链接。青色组织目前在国内还算是一种小众的组织形态，在一些公益性组织中有一些试点和尝试，未来我们还需要有更多的成功实践去检验其可行性以及价值。

在组织文化上，如何打造对 Z 世代更有吸引力的圈层文化，既能够让他们在圈内获得存在感、归属感和认同感，实现情感上的共鸣，又要能减少圈层所造成的封闭性、排他性和圈层的固化，减少对主流文化的过度冲击。企业一方面要实时地迭代主流文化，减少企业主流文化和 Z 世代文化的过度差异，跟上时代的变化，打通两者的隔阂，同时在主流文化下构建适应 Z 世代的圈层文化，营造适合他们的亚文化，发挥正面、积极的作用。

对 Z 世代的管理，是很多 "70 后" "80 后" 管理干部一个无法回避的课题，传统的权威式、命令式管理显然已经不适应这个群体，他们不愿意过多地加班，追求更多的自主，同时 Z 世代有着更多的想法和创意，更加追求自我价值的实现，他们比任何一个世代的员工都更有梦想。因此，对于 Z 世代的管理，我们认为管理干部要转变思维，从命令式管理转变到授权式、共创式管理，尊重并信任他们，给予他们更多参与企业的机会和平台，赋予他们更多的责任和自主；从上下级关系转化为导师和朋友关系，减少层级感，更强调平等，重视双方的对话和承诺。我们不能简单粗暴地让 Z 世代去适应我们的管理方式，而是需要我们的管理方式持续迭代以适应 Z 世代员工，这是时代的要求。

09

如何让企业文化工作落地

　　关于企业文化，一直以来都是人力资源部门的热门话题，大家既认可企业文化对组织的重要性，同时也无法回避其落地难的问题，真正像华为这样把企业文化融入每一个员工的骨髓里和企业管理基因中的企业并不多。任正非说："物质资源终会枯竭，唯有文化才能生生不息。"中华民族为何历经万千磨难，依然能够生生不息，就是因为我们有着强大的文化。一个企业要想在竞争激烈的市场中长久存活，除了要有自己的核心产品、技术外，更要有自己的文化。接下来我们从文化的定义、假设、任务三个维度加以说明。

文化的定义

　　关于文化的定义，人类学家和社会学家给出了很多定义。文化专家埃德加·沙因在《组织文化与领导力》一书中，对文化给出了动态定义，他认为一个群体的文化可以被定义为群体在解决外部适应性和内部整合性问题的过程中所累积的共享习得的产物；其有效性已被充分证明了，因此被传递给新成员，以要求其以正确的方式来认知、思考、感知和行动。

这个定义表明文化往往是在组织实践过程中形成的，并且以有意识或无意识的方式影响所有成员。文化可以说是从群众中来，到群众中去，组织成员在实践过程中形成的做事方式、思考习惯、行为规范等内容逐步形成一个共享习得，而这个共享习得会再一次指导、影响组织成员的行为和思考。企业文化的共享习得往往就是企业的使命、愿景、核心价值观以及以此为基础的行为规范、形象、仪式等。埃德加·沙因将文化分为三个层次：

文化外在显示部分：比如行为、形象、活动、仪式等。

信奉的信念和价值观：比如使命、愿景、核心价值观等。

潜在的基本假设：无意识的，被认为是理所当然的信仰和价值观。

文化的假设

文化的基本假设是组织中对文化底层逻辑的思考，基本假设决定了组织信奉的信念和价值观，决定了文化外显的部分。常见的文化基本假设主要有对人性的假设、对人与自然关系的假设、对个体与群体关系的假设。

1. 对人性的假设

关于人性的假设，我们在《如何建立企业人才发展纲要》中有过阐述，不再赘述。我们对人性的假设决定了我们所采取的管理模式，当我们以"人性本恶"作为基本假设，企业的文化将充满控制、不信任、约束等；而以"人性本善"作为基本假设，企业的文化将更多体现为信任、授权、开放等。当这次疫情来临的时候，各企业对居家办公的人员管理的做法往往就反映了企业对人性的基本假设。有些企业采用的是视频监控的方式，了解员工在家办公情况，或者以日报情况呈现每天工作量；而有些企业采用的是一种开放的心态，更多是关注有哪些影响员工工作的因素，帮助员工去排除这些障碍，相信员工能够合理安排好时间，完成既定工作任务。关于人性的假设，并非来自企业某一个人的假设，往往是一群人的假设，是否会存在企业领导者的人性假设和群体假设不一致呢？可能会如此，这就很容易产生文化的冲突和碰撞，引发组织对文化的重塑。

2. 对人与自然关系的假设

这是一个主客观关系的哲学问题，到底是人可以改变自然，还是人要适应自然？人的主观能动性到底有多大？没有一个肯定的答案。大部分企业是在两者中间寻求平衡点，既要发挥人的主观能动性，不拘泥于原有的框架束缚，推动自然和社会的进步；同时也要遵循自然的根本规律，违反了自然法则，将会受到自然的报复。高技术型企业的文化一般要强调人改变自然的力量，鼓励技术人员不断挑战自然的极限，实现技术的突破。

3. 对个体与群体关系的假设

企业文化在个体和群体关系上是强调个人主义还是集体主义？比如狼性文化体现的就是个人主义的基本假设，强调的是个人的价值贡献；比如大雁文化体现的是集体主义的基本假设，强调的是团队整体的价值贡献。企业选择哪种文化假设，取决于自己的业务特征。有些业务的完成需要的是单兵作战，企业文化往往以个人主义为基本假设；有些业务的完成需要协同作战，企业文化往往以集体主义为基本假设。文化基本假设的选择有时也比较容易受到所在国家和社会的文化影响，比如中国的儒家文化，强调的"和""中庸"等，体现的是集体；美国的"西部牛仔"文化，强调的"先锋""马背上的英雄"等，体现的是个体。

文化的任务

企业文化有哪些具体任务呢？主要有两项，其一是基于使命、愿景形成企业核心价值观、行为规范等，这是文化之纲要。其二是就是基于文化之纲要，如何使之深入人心、化之为行。前者就是如何提炼文化，后者就是如何实现文化的落地。

1. 文化的提炼

说到文化的提炼，很多人都知道文化三件套：使命、愿景、核心价值观。什么是使命？它是一个企业存在的意义和价值，即你为何而存在，比如阿里巴巴的使命是让天下没有难做的生意，京东的使命是让生活变得简单快乐。好的使命有两个特点，一是能让大家看到你给社会带来的价值，二是能够找到你在行业里的差异化定位，也就是说既有社会价值又要有商业价值。什么是愿景？简单来讲就是企业在未来的中远期发展目标。京东的愿景是成为全球最值得信赖的企业，阿里巴巴的愿景是希望能够持续发展 102 年。好的愿景要有挑战性，短期看可能难以达成，长期看能够给人希望和憧憬的画面。核心价值观是企业在履行使命、实现愿景过程中，践行的做人、做事的准则，什么事可以做，什么事不可以做；什么钱可以挣，什么钱不可以挣。

那么一个企业的使命、愿景、核心价值观是怎么形成的呢？一个企业的文化的提炼、形成是一个渐进的迭代的过程。在创业阶段，企业文化往往就是创始人自己的想法，将其个人的思想上升到企业层面上。初期企业规模不大，往往一起创业的团队成员在思想上也比较一致，所以初期不会有太大的文化冲突问题，这时的文化也是比较朴素的，大家的重心还是在于怎样把业务发展起来。当找到合适的业务模式之后，企业进入了快速成长的快车道。业务扩大了，人员增加了，这时企业会在制度、流程等硬件上下很多功夫，可依旧无法避免员工做出一些不利于企业长远发展的行为，甚至出现了一些与企业利益背道而驰的人或事，这时候文化的重要性也就得以凸显，所以这个阶段往往是企业第一个非常重要的企业文化升级窗口。

这时，往往不能让创始人或者高层团队搞一言堂，文化已经不能"以一人之文化立企业之根本"了，共识尤为重要，需要企业进行自上而下和自下而上的大讨论，讨论的核心就是企业为何在过去能够成功，企业在未来如何能够继续成功。

在企业成功或失败的案例中提炼、抽象化文化因子，再从文化因子中具象化好的行为。理论从实践中来，再回到实践中；文化也是如此，从业务中来，再回到业务中去。当企业业务进入成熟期，文化也会相对稳定。今天我们看到很多企业的使命、愿景和核心价值观，也都是企业主营业务稳定了之后的版本。企业到了衰退期，需要进行业务变革，但更为重要的是先进行文化变革，唯有解决思想上的束缚，才能促进新的生产力的发展。

2. 文化的落地

一些企业的文化工作做得不好，往往就是文化不落地，提炼的文化纲要不能自上而下地进入每个员工的内心和行动中，不能让员工自发地践行文化的要求，我们需要以知行合一的方法来构建文化落地工作。

运用一切可以传播的方式，培训、公众号、座谈会、文化材料、微信表情包、各种活动等方式将正确的企业文化和践行标准传递给员工，让每一个人知晓、理解公司的文化。比如，新员工培训、新晋升干部培训、企业文化手册、行为规范手册、优秀人物和事迹、企业文化吉祥物、文化说等。我们需要在呈现形式和传播渠道上力求创新，满足不同员工的需求。以下重点分享两个落地方法，一是企业文化大使认证，运用这种方法的企业不多，通过在员工中培养、认证企业文化大使，既可以增加文化传播者的荣誉感，同时也是把文化践行的着力点立在基层，让每个部门，甚至每个车间都有自己的文化大使。二是萃取企业文化案例，这个做法既可以丰富企业文化内涵，增加身边的、鲜活的案例，也是管理部门走进一线，挖掘优秀员工、优秀事迹的过程。通过对企业文化案例的挖掘、提炼、宣传，起到了表彰一部分人、教育一部分人、激发一部分人的作用。

只让员工知道还不够，如何将企业文化融入员工行为之中才是重中之重，在机制上指引员工朝着企业希望的方向走。阿里非常讲究揪头发、照镜子、闻味道，找到价值观一致的阿里人。在选人的时候，就要严格确保招聘的人价值观保持一致。一些企业往往会在面试过程中设置价值观面试评分表。在年度考核晋升的时候，要有关键事项考核，让管理干部和骨干人员汇报自己是如何践行企业文化的，要让那些真正做出业绩、彰显出公司企业文化要求的人员得到公司的物质和精神的激励；对那些违反企业文化要求的员工，即使有点业绩，也不能重用，甚至要调整，因为长期来看，这些人对组织是有不利影响的。企业最大的文化指引机制有两个，一个是企业的职位、奖金等利益分配的机制，另一个是企业领导者的言行一致的机制。

　　"资源是会枯竭的，唯有文化才能生生不息！"这也正说明了，企业文化是企业领导者最高层次的领导力。

10

如何进化数智化组织

　　未来学家阿尔文·托夫勒将人类发展史划分为第一次浪潮的农业文明、第二次浪潮的工业文明以及第三次浪潮的信息社会文明。而数智化则是此次浪潮的一个明显特征。"数字化"与"数智化"是既有联系又有区别的两个概念，"数字化"强调的是技术概念，而"数智化"则强调数字技术的应用。

　　"数字化"一词源于20世纪40年代的香农证明的采样定理，即用离散的序列可以代表连续的函数。形象地说，任何具象都可以抽象为数字而已，都可以进行"数字化"。认识到了"数字化"的道理，这只是第一步。但要想实现"数智化"，就需要各方面的技术进步；而开发和应用数字技术，就需要人和组织先行进步。如果没有数字技术推动企业组织、流程、管理等方面的深入变革，就很难发挥"数字化"的潜力。可以说"数字化"技术推动了社会和企业生产力的进步，生产力决定了生产关系，在这一进步的过程中，就产生了"数智化组织"的需求，通过"数智化组织"建立新的生产关系，进一步推动生产力的进步，否则将会成为生产力发展的桎梏。

"数智化组织"最大的特征就是组织的敏捷化。敏捷化要求组织能够快速、高效地响应外部环境的变化，要求组织具备柔性化、平台化和扁平化特征。

组织柔性化要求组织能够随时处于一个"变"的状态中，就像水一样，适应不同的河床，灵活多变，快速响应。组织中的岗位和员工能够随时变换阵型，既能组成军团进行阵地战和运动战，也能分散为若干机动部队进行游击战和运动战。这给组织中的部门和岗位的设置及管理带来较大的考验，组织越来越以"客户需求"为出发点，以"员工个体"为主体形成新岗位、组建新团队和新组织去解决客户需求。解决任务完成后，很多岗位、组织可能随之消亡，员工会被调整到另一个新的岗位、新的组织中。

组织平台化改变了原来员工和企业之间的强雇用关系，更强调的是一个个体和平台的关系。对于员工，平台不一定强调为我所有，更强调是否能为我所用；而员工也可以根据自己的精力和能力在若干个平台上发挥和实现自己的价值。

组织扁平化取决于原有的信息传递和决策反馈机制的改变，现有的商业环境要求组织能够快速吸收外部的信息，并传递到组织内部，经过决策再反馈到市场环境中，因此要求组织的一线作战单位具有信息处理和决策的能力，组织的中后台具有大数据收集和共享的能力。数智化技术给组织扁平化带来了推动力，技术提高了信息储存、传递、分发和共享的空间能力和效率能力。

数智化组织的转型是一个持续迭代的过程，企业很难一步到位，需要小步快跑式前进，我们需要根据企业的实际情况以整体统筹、分步实施、迭代优化、普及推广四步来推进。

PRACTICE OF ORGANIZATION MANAGEMENT

————————

第三篇

人才培养线

01

如何建立企业人才管理纲要

人才是企业最宝贵的资产，资产只有得到充分、有效的运用，实现增值才能体现其价值，人才也是如此。我们只有进行增值型的人才管理，推动业务发展，才能体现出人才作为资产的增值价值。我们通过人力管理纲要，在思想意识和战略高度层面上指导企业各级管理干部更好地理解、推动和落实人才管理工作，明确企业人才管理方向，传递企业对人才和人才管理的认知和逻辑。比如，我们国家2010年出台了《国家中长期人才发展规划纲要（2010—2020年）》，明确了国家在这10年以及今后一个时期的人才发展战略目标、总体部署和主要任务；企业一般制定3~5年的人才管理纲要即可，用于指导期间的人才管理工作，企业人才管理纲要的核心内容包括人才管理理念、人才管理目标、人才管理机制等方面。

人才管理理念

人才管理理念是指企业对人性的假设以及在此假设基础上形成的人才观，人才管理理念是企业人才管理的理论基石和指导思想。随着企业的发展和人才管理理论与实践的进步，人才管理理念也会随之调整和迭代，以满足组织新场景、新挑战、新技术的运用需求。

关于人性的假设，目前还没有一个统一的、一致的观点，从中国古代先贤到当代西方管理学者都是在不断地探索，中国古代先贤孟子认为人性本善，人性是"人之所以异于禽兽"的本质属性，人之所以为人，是因为人生而具有"仁义之心"；荀子则认为人性本恶，"其善者伪也"，他认为：性，是天赋的、与生俱来的原始质朴的自然属性，是不待后天学习而成的自然本能，与"性"相对的是"伪"，"伪"是人为、后天加工，是人为教化的结果。

1957 年，道格拉斯·麦格雷戈（Douglas McGregor）在《企业的人性面》一书中提出了人性 X–Y 假设理论，X 理论主张人性本恶，认为企业管理的唯一激励办法，就是以经济报酬来激励生产，只要增加金钱奖励，便能取得更高的产量。这种理论特别重视满足员工生理及安全的需要，同时也很重视惩罚，认为惩罚是最有效的管理工具。于是麦格雷戈提出 Y 理论对 X 理论进行批判，Y 理论主张人性本善，认为能使组织的成员在努力实现组织目标的同时，更好地实现自己的个人目标；因此，给人安排具有吸引力和富有意义的工作，充分发挥个人智慧，才能有效实现组织的目标。

威廉·大内在比较了日本企业和美国企业的不同管理特点之后，参照 X 理论和 Y 理论，提出了 Z 理论。根据 Z 理论，管理者要对员工表示信任，而信任可以激励员工以真诚的态度对待企业，对待同事，为企业而忠心耿耿地工作。

1970 年美国管理心理学家约翰·J. 莫尔斯（John J. Morse）和杰伊·W. 洛希（Jay W. Lorsch）在《哈佛商业评论》杂志上发表了《超 Y 理论》一文。该理论认为，没有什么一成不变的、普遍适用的最佳管理方式，必须根据组织内外环境自变量和管理思想、管理技术等因变量之间的函数关系，灵活地采取相应的管理措施。超 Y 理论是一种主张权宜应变的理论，要求将工作、组织、个人、环境等因素做最佳的配合。

无论哪一种理论，不可否认的是，每个人内心都住着贪婪、懒惰、自私、保守、漠视等心魔，这是人的"本我"中的一部分属性，如何压制"本我"中的动物属性，提升"自我驱动力""自律""负责"等社会属性，是抑制人性"恶"、激发人性"善"的关键，对于企业来说，就是如何从机制上发挥"伪"的作用，激发人才的"善"的社会属性。

《华为基本法》中第六十五条提出，"华为绝大多数员工是愿意负责和愿意合作的，是高度自尊和有强烈成就欲望的"。这充分体现了华为人对人性深刻的理解和智慧的把握，既能看到人性的"善"，又不回避人性的"恶"。不同的人性假设具体将反映到组织对人的要求上、对人的授权和激励上、对人的约束和保护上。华为的干部选拔采用"三权分立"原则，将干部任用的建议权、评议权和否决权分开。由不同的部门行使不同的权力，就是通过干部任命流程来抑制人性中的"恶"，同时对公平公正的干部本身也是一种保护。华为强调要看到人性的"善"，相信大部分员工是能够愿意负责的，是有成就欲望的，所以在华为人才招聘选拔中，非常看重人才的自我驱动与自我激发，华为在找一个能够自燃的，甚至能够燃烧他人的"成年人"，而不是一个事事要别人盯着的，甚至阻燃型的"未成年人"。

基于对人性的假设形成企业系统的人才观，通过人才观指导企业人才管理的工作，比如，华润人才观中有一条核心内容：秉持"尊重人的价值、开发人的潜能、升华人的心灵"人才工作宗旨，把华润打造成一个海纳百川的组织，在这个组织里，普通的人变成优秀的人，优秀的人变成卓越的人，源源不断的人在这里实现自己的人生梦想。通过华润这条人才观，我们可以看出来，华润认为人才有普通的也有优秀的，华润的人才理念就是把他们从普通变为优秀，把优秀变成卓越，每个人才都能在华润找到合适的位置，都能获得成长。

《华为基本法》中特别强调华为人才管理的重要性和对人才的要求，认为人力资本不断增值的目标优先于财务资本增值的目标；同时对华为需要什么样的员工，如何看待员工及其贡献做了定义，比如尊重知识、尊重个性、集体奋斗和不迁就有功的员工，是华为事业可持续成长的内在要求；华为决不让雷锋吃亏，奉献定当得到合理的回报。这些人才理念都会直接影响企业招聘、绩效、激励等各项人力资源政策的方向。

人才管理目标

我们可以从人才数量、人才质量、人才结构、人才效益四个维度制定企业未来人才管理的目标，用以衡量组织人才管理工作成效。所有的人才管理策略、机制、形式都是围绕目标服务，同时将人才发展目标分解到各年度，指导和检验组织各年度的工作任务。那么这些目标本身从何而来？就是基于业务战略的解码，基于组织未来发展规划对人才在这几个维度的要求，不可凭空想象。一些企业设置了很多人才引进的高标准、高要求、高比例，可是根本没有那么高级别的战略任务去支撑，难以发挥大家的价值，带不来收益，容易变成一种人力资源的自我娱乐。

人才数量：人才资源总量、各层级管理干部后备人才人数、核心人才的留任率等。

人才质量：顶级专家拥有率、研究生占比、人才淘汰率、组织核心能力胜任率等。

人才结构：（中高级）研发专业人员占比、管理干部内部晋升与外部引进比例、各年龄段干部或骨干人数占比等。

人才效益：人工成本利润率、人均产值、人力资本增值率、专利增长率等。

人才管理机制

人才管理机制是为了落实企业人才管理理念和人才管理目标而制定的机制，主要包括人才评价识别机制、人才培养开发机制、人才选拔配置机制和人才激励保障机制。

人才评价识别机制主要是指企业建立何种导向的人才标准以及如何发现人才的机制，如何在"英雄不问出身"和高学历更容易出人才之间平衡人才标准；如何平衡企业复合型人才和精通某一领域的专才；如何平衡成熟高智力人才和高潜力毕业生；如何通过面试、测评、评价中心等评价方式去识别和发现人才，如何通过搭建各种人才展示平台，比如人才盘点、重点项目汇报、内部大讲堂、内部竞选等，让人才崭露头角。

人才培养开发机制主要是指企业通过何种方式进行人才的培养和能力的开发，比如如何帮助人才在实践中锻炼成长，优胜劣汰；如何给各级管理干部和骨干提供系统的业务赋能和管理赋能项目；如何通过线下培训，提升员工体验感和参与度；如何通过线上交流，注重快速高效传递知识和心得。华为的员工自己花钱来华为大学学习，如果不参加学习就无法获得晋升的资格；而华为大学自己本身没有培训经费，如果没有很好的培训形式和内容，员工

131

训后的满意度就不高，满意度不高，就会影响华为对华为大学的工作评价，影响华为大学对讲师的工作评价。通过这样的一种大学—讲师—学员相互促进的方式来推动高质量的培养开发机制。

人才选拔配置机制主要是指企业采取何种方式对干部等核心岗位进行任用，是采取公开选拔、竞争上岗还是上级提名、小组讨论表决的方式；是不犯错误不下岗的长期制还是采用一定周期的聘任制。华为针对干部就有 10% 的淘汰要求，每年强制进行，确保组织永远在螺旋式成长。淘汰并不是让员工离开华为，更多的是离开目前的管理岗位，到更能发挥其价值的其他岗位上，实现更好的人岗配置。

人才激励保障机制主要包括企业采取何种激励和保障方式以保留核心人才，如何从物质留人、情感留人、事业留人多维度设置激励和保障机制，比如对核心人才保持 75 分位的领先薪酬政策、公司重点项目高额激励奖金、对掌握核心技术的专家给予长周期的人才特别津贴、对管理层和骨干的股权激励和超额利润分配政策等。

人才发展纲要的制定过程也是企业各级管理干部对人才管理思想的一次同频的过程，只有统一思想，我们才能在实际执行时不偏航；只有坚决落实，我们才能感受到人才管理给企业业务发展带来的价值。

02

如何快速建立自己的人才"弹药库"

在企业快速发展、变革转型的阶段，人才是一个非常重要的变量因子，如果没有余承东，你很难想象华为手机需要多久才能从给运营商 OEM 代工到曾经世界前三的业界地位；如果没有方洪波，美的集团是否还能如此快速实现中国家电行业营收额领先的位置；如果没有杰克·韦尔奇，通用电气能否在 1981 — 2001 年实现市场资本 30 多倍的增值，企业排名从第十名前进到第一名。在上述这些优秀企业的组织内部，除了领头人外，还有更多支撑企业实现快速增长的各类人才。无论哪个行业、哪个企业，完成转型、实现快速发展，人才始终是个核心的问题，甚至是决定性的问题。

从微观来看同样如此，当我们面临一个新业务机会的时候，当我们在企业内部做业务和组织变革的时候，往往就会面临一个很现实的问题，没有合适的人才。这往往制约了我们很多工作的开展，一个企业人才库的厚度决定了这个企业业务发展的潜力。

从 2014 年开始，3C 行业的无线充电技术开始在笔记本电脑上得到应用，2017 年苹果手机也开始支持无线充电技术，直至 2019 年无线充电在材料领域的应用面越来越广。对于 3C 产业链上的制造企业来说，如果没有掌握无线充电技术，研究出适合新技术的新材料；如果你不能快速量产高质量、高性能、低成本的新材料，不断迭代优化自己的产品，满足消费市场的需求，那么你就可能被产业链所淘汰，而这也是一些上下游企业实现弯道超车的机会。原来有些企业是很想进入但很难进入该材料制造领域的，可以利用这次技术更新实现突破，进入其他友商的势力范围，获得新的竞争优势。那么这样一个技术的变化，迁移到相应的商业策略上，最终还是要回归到企业的人才储备，即企业是否具有相关技术领域的专家储备上。谁能拥有相关领域的专家，优先建立团队投入研发，谁就有可能站在技术制高点和商业制高点，就能获得客户的认可，就能在商业博弈中占据先机。

另外一个常见的情况就是企业的经营业绩未达到预期，企业 CEO 需要及时对组织以及部分管理干部进行系统调整，这时对于人力资源部门来说，第一个挑战就是企业是否有合适的备选人才，其实也就是如何实现调整的平稳过渡这个问题。可是很多时候企业 CEO 往往止于第一步，因为组织还没有为他备好合适的内外部候选人。

功夫在平时，优秀人才不是你想要就能立刻拥有的，即使你支付了高额的猎头费用。所以对于人力资源部门来说，一定要建立起企业自己的内外部人才"弹药库"，企业需要时，无论哪种武器都能拿出来。这里我们重点讲述如何建立外部人才"弹药库"。

组建猎聘团队

大部分企业还是比较重视招聘工作的，但是往往没有上升到一定的高度和战略，反而更注重当下一般岗位和人员的短期招聘，忽视对高端人才、紧缺人才的长远布局和猎挖。优秀的高端人才、核心技术人才往往不会主动找工作，他们换平台常常是因为企业内部发生了重大变化，失去了继续发挥价值的意义，或者被对方企业平台所吸引，认为在这个平台上或者跟着这个领导更能发挥其价值。这样的变化不是一蹴而就的，它是一个渐进的过程，至少有半年时间，甚至很多人才是跟进了两年以上，才会遇到一个合作的契机。

企业组建猎聘部门或团队，可以聘请一些外部专做该行业的猎头顾问加入，搭配企业内部的优秀招聘人员，运用好猎头的行业资源和猎聘技术提升企业整个猎聘团队的实力，同时内部优秀招聘人员的加入也可以弥补猎头对企业运作不熟悉的短板。猎聘团队的薪酬方式要有别于企业原有招聘人员，也要不同于猎头公司。比如我们会采用积分制，给不同的岗位标上积分以及积分价格，比如开发经理岗位 5 积分、研发总监岗位 20 积分，每个积分设定为 1000 元，这样的积分标准要每年根据企业猎聘的方向和侧重点调整一次，猎聘部的同事每月根据新入职人员、试用期内离职人员的情况来计算当月的总积分及其相应的总价格，减去企业每月发给员工的固定薪酬，这就是他的绩效奖金了；如果连续三个月绩效奖金为负数，那么我们就要考虑他的贡献度和价值了。

走出去才是光明大道

兵马未动粮草先行，有了组织还要有预算，不仅包括各类招聘网站等渠道费用，还要有公关费用预算。猎聘团队可以不定期地和候选人进行交流，及时掌握候选人的动态，还可以参加一些行业论坛、专业领域培训课程等，拓展获取新候选人的界面。

不要期望在办公室通过搜索简历、打电话的方式就能找到优秀人才，优秀人才，尤其是到一定位置的高级管理人才，很少会选择公开简历的，也不会和一个陌生企业招聘人员或者猎头直接聊职业发展方向。所以，我们需要通过论坛、培训、行业峰会等，结识高端人才，沟通大家对行业、领域的发展趋势。当然前提是猎聘人员要做好功课，熟悉自己所在行业、企业的现状和发展趋势，了解对方的观点和想法，以及对方感兴趣的话题或者爱好。初步接触，更多的还是在宏观层面的沟通，避免过早介入个人的职业发展现状和规划，待双方关系达到一定熟悉的程度，有了基本的信任基础，再试探性地交流该话题，根据对方的反应来决定话题的深浅。

我们也可以邀请一些潜在的候选人给企业做一些培训或者主题分享，适当的接触可以让我们双方有进一步的熟悉和了解，也为以后深度的交流奠定基础；现在都在重新界定组织和人才的关系，企业更像是一个平台，我们和人才更多是合作的关系，而非简单雇用的关系；有时候我们未必需要对方一定要加入我们，做个外部顾问也能解决我们很多的问题。

我们可以与候选人定期交流各自企业的发展状况，听取他对企业业务发展方面的看法和想法；当然也可以是他旅游的见闻、孩子们的趣事。当他自己有想法，想看看外部机会的时候，他一定会第一时间找你，因为信任的种子已经种下了。

大家都比较重视高级管理人才的资源管理，却比较容易忽视管培生。一些优质的管培生在经过3~5年的行业锻炼后，很可能就成为一个企业的中坚力量，所以对于未能来企业工作的优秀管培生，我们也要注重关系维护，每年定期进行沟通。管培生在工作两年左右的时候，往往会面临第一次的内部岗位倦怠期和外部新岗位的憧憬期，这时候可以做深入的交流和沟通。

用好内外部资源找到连接

1967 年，哈佛大学的心理学教授斯坦利·米尔格拉姆提出了"六度分隔理论"，该理论假设世界上所有互不相识的人只需要很少中间人就能建立起联系。根据该理论曾经做过一次连锁性实验，尝试证明平均只需六个人就可以联系两个互不相识的人。

这个理论对猎聘工作非常有价值，当我们确定好目标人选的人才画像，明确这个人的方位后，那么我们要相信一定可以找到他。资源往往就在身边，一定要发挥自己的想象去构建可能从自己到对方的人机链接链条。你的目标人选可能也在你的保险顾问所在的保险公司买过保险，可能他和你的大学同学或者你的微信好友认识，一切皆有可能。我们曾经想找一个学校负责人合作人才项目，一直没有合适机会，和前同事谈到这个事情的时候，发现她有个同学也在那个学校，于是很快就建立了联系并推进了合作项目。关注身边的资源，用好朋友圈的传播功能，采用抖音等新媒体的推荐功能，只要用心关注，你会发现身边的连接机会点还是有很多的。当然我们还可以通过其他奖励形式鼓励周边的人脉提供可能的线索，增加成功的概率。

CEO 是企业第一招才官

企业 CEO 重视人才要体现在具体行动方面，体现在花了多少时间用在人才寻觅和面试方面。一个合格的 CEO 至少要有 30% 的时间用在招揽人才上。

寻找一个合适的人去做合适的事，可以让你的时间和精力投放到更有价值的事情上，减少无价值或弱价值的时间和精力投入；一个不合适的下属需要你投入双倍的时间去过多关注他的过程，甚至要给他收尾，去解决他造成的不良后果，这就是事半功倍和事倍功半的区别。

当企业通过两三年的时间去积累这样的资源时，我们一定会有收获，我们会进入一个非常有利的人才获取磁场中，这些高端人才对企业的好感和认知，会传染给他身边更多的人，形成一层层的人才网，这也是企业雇主品牌建设的一个重要环节。

03

如何建立企业人才标准体系

人才标准体系是企业人才管理的基石，没有人才标准，所有的人才管理工作如同水上浮萍，没有根基，日复一日、年复一年，企业的人才管理工作也不会得到持续的推进。评价企业人才管理工作的价值就是看为企业输出了多少人才，增长了多少战略性能力，这些都和企业人才标准体系运作有关。

人才标准体系是一个既简单又复杂的体系，说其简单，是因为确立人才标准目前主要有两种方法论：素质模型和任职资格体系。

素质模型的理念来源于美国著名心理学家大卫·麦克利兰。1973 年，麦克利兰博士在《美国心理学家》杂志上发表了一篇文章"Testing for Competency Rather Than Intelligence（测量胜任特征而非智力）"，在这篇文章中，他提出了 Competency（素质）这个概念，指出了通过滥用智力测验来判断个人能力的不合理性；他在文中提到，人的工作绩效由一些更本质、更潜在的因素决定，这些因素能够更好地预测人在特定岗位上的工作绩效，这些能够区分一个人在特定岗位和环境中绩效水平高低的特征，就是素质，比如成就动机、人际关系、个人特质等因素。之后美国薪酬协会将素质定义为"个体为达到成功的绩效水平所表现出来的工作行为"，这些行为是可观察的、可预测的、可分级的。

素质模型主要包括通用素质类、管理素质类、专业素质类三个维度。通用素质类是指这个企业所有员工都应该具备、具有普遍性的素质项要求，一般来源于企业的核心价值观等企业文化要求，比如客户导向、积极进取、正直诚信等；管理素质类是针对不同层级的管理者应该具备的领导和管理能力要求，比如企业家精神、制定战略方向、团队建设等；而专业素质类是针对人力资源、财务、生产等不同职类应该具备的专业素质要求，比如效率导向、客户服务、解决方案等。素质模型具有几十年理论沉淀和实践运用，国际咨询机构比如光辉合益、DDI 等都有自己经典的胜任能力词典和建模方法论，目前在很多跨国企业得到了运用。

任职资格体系的理念来源于英国，1985 年英国政府委托主要的工业机构开展职业教育研究，界定国家统一的职业资格内涵。1995 年，我国原劳动和社会保障部希望将英国 NVQ（英国国家职业资格委员会）职业标准体系引入中国，随后双方以英国 NVQ（英国国家职业资格委员会）文秘标准体系和资格证书作为首批引进项目，并在北京外企服务总公司、深圳华为技术有限公司进行了先期试点。在此基础上，华为开始了任职资格管理体系的搭建工作。目前国内许多企业包括腾讯、阿里、汇川技术等知名企业也纷纷开展任职资格体系的引进和建设工作，各企业也都形成了自己的一些管理特色。企业的任职资格体系包括职业发展通道、任职等级、相应所需要具备的任职标准以及评鉴方法，具体任职标准主要包括知识技能、业务成果、关键经验、关键行为和素质等内容。

两者之间并非泾渭分明，任职标准里面也会包含素质模型的要素，而素质模型在具象化的过程中也会涉及知识技能、关键行为等要素。任职资格设置的是胜任该岗位的合格要求，而素质模型挖掘的是绩优员工所具备的素质要求，两者的水平线不同。同时，两者的指引性也有差别，任职资格标准相对比较明确、具象化，比较适用于专业条线人员的发展，具有较强的指引性和操作性；而素质模型标准相对比较概念化，比较适用于管理层以及一些工作内容变化较快的岗位。随着华为在任职资格体系上的优秀实践，融合了素质模型的优点，弥补了其不足，注重提炼、复制关键岗位成功的标杆实践经验，受到了越来越多的民营企业的推崇。

人才标准体系复杂的一面在于，它并非一朝一夕能够形成，一般需要 1~2 年的时间去搭建框架和内容，再经过业务实践的洗礼和碰撞，持续地进行迭代和更新。人才标准体系不仅包括人才标准本身的建立，还要打通人才标准与人才管理工作以及与人力资源其他模块的链接。

快速建立人才标准

素质模型标准的建立一般有两种方法，第一种是请咨询公司为企业定制开发标准，这种做法的特点是有针对性，成本也非常高。完成从 0 到 1 的搭建过程，投入的资源较多，我们需要评估定制化成果和通用化成果的差异性是否值得如此大的投入。也有企业通过"外部顾问 + 自己的内部力量"来做，这样的成本结构会优化，投入产出比更合理。第二种是企业内部专家或外聘顾问通过快速建模的方法制定标准，快速建模这一方法论目前相对比较成熟。

比如光辉国际融合了 LOMINGER、PDI 和 Hay Group 的素质模型体系，形成了非常系统的标准及评价体系，他的 KFLA 全球领导力素质模型共有 38 个素质项，通过机构专业培训认证后，内部专家掌握快速建模的方法，然后就可以用这套素质卡片来构建自己企业的素质模型，再组织内部业务专家进行行为项的差异化开发，这种方法的特点是成本低、收益也不错。当然也可以请外部顾问来操盘，基于快速建模，通过专业的访谈、工作因素分析、关键行为事件等方法，选择企业各层级所需的素质项，这样的结果在专业度和精准度上会更高。

目前各咨询公司的素质库大多为 60~70 个，我们没有必要再去走咨询公司曾经走过的路，重新去梳理和提炼，有时拿来主义也不是坏事，笔者更倾向于第二种方法。

快速建模包括四个步骤，即前期准备、卡片分类、达成共识、整合结果。

● 步骤一：前期准备

我们首先要组织建模小组，小组成员主要有与岗位相关的管理人员和专业人员（高于该岗位 1~2 个层级）和该岗位标杆人物（在建模岗位工作绩效比较突出的人员）；其次收集与岗位任职相关的信息，包括但不限于战略、业务和文化方面，同时确保小组成员了解信息；最后小组成员要明确分类的目的并构思分类标准。

● 步骤二：卡片分类

基于所要建模的目标岗位，比如人力资源总监所需具备的素质项，小组成员基于自己设定的分类标准将模型卡片（每张卡片对应一个素质项）分成三类：最重要的、比较重要的，不重要的。然后进行个人或小组统计。注意在这个阶段不建议相互讨论，只通过分类卡片反映个人观点，个人根据所获信息进行选择，分类过程中需要引导人员现场及时反馈和解答小组成员在此过程中提出的与岗位相关的问题。

● 步骤三：达成共识

将所有小组成员的结果进行汇总，统计各个卡片根据上述三个等级分类所得到的分数，并进行标识。这时对于最重要等级得票数在前 30%~40% 的，且差异比较大（比如最重要分和不重要分得票占比都比较多的，说明大家的意见分歧比较大）的素质项进行讨论，讨论主要围绕这些素质项对当下和未来的企业战略、文化、业务的影响展开，各方阐述观点，统一认识，最终形成相对一致的看法。

● 步骤四：整合结果

通过讨论，形成了最重要的素质项，一般为 6~8 个，企业接下来要做的就是如何将素质项行为化，将其细化为员工具体应该怎么做，一般每个素质项有 4~5 个行为项。这些素质项和行为项将作为相应岗位未来选拔、发展、继任等人才管理工作的依据。

素质模型可以针对一类岗位，也可以针对某个关键岗位进行讨论，当企业的战略、文化和业务发生较大变化的时候，这类素质模型往往需要重新进行讨论和达成共识。

任职资格体系的内容基本来源于企业自身的业务和管理活动，需要精通任职资格体系的专家以及内部业务专家共同来完成。我们在各专业线组建体系撰写委员会，由人力资源专家、业务专家组成，也可以邀请外部专家参加，任职资格体系包括发展通道、岗位层级、任职标准、人才评鉴四个方面内容。

● 发展通道

目前大部分企业普遍采用双通道发展路径，除了管理通道之外，还设置了不同的专业通道，比如人力资源、财务、运营、生产等，便于专业化人才的培养和发展，避免大家集中走管理通道这个独木桥。有时候我们会感觉通道和部门的差异不大，因为通道的本质是把类似属性岗位聚焦为一个族群作为通道，而在组织设计过程中，部门单元的设计往往也是类似属性岗位的聚焦，所以人力资源部可以对应人力资源通道、财务部会对应财务管理通道。但要注意通道不等于部门，比如一些辅助的岗位，财务部里面会有文员，生产部、质量部也有，这样的辅助岗位本身并不具备财务、生产、质量等所在部门的属性，更多的是后勤保障、助理的属性，这样的岗位往往会形成一个单独的族群，如后勤保障通道或者行政支持通道。

● 岗位层级

一般而言，我们对每个岗位会设置 3~5 个层级，这样让每个岗位都有一定的发展空间。在设置层级的时候，我们需要观察一位正规大学毕业的应届生从刚入职到走到这个岗位的成熟阶段大约需要多长时间，以及这个行业该岗位人才发展的时间周期。设置通道时间太长，员工等不及，遥遥无期，看不到发展的顶点；设置通道时间太短，则会有大量的人聚集在某个层级或者很快达到高层，没有进一步发展的空间。一般而言，我们要让优秀的员工在工作内容或职责上至少每两年有些变化，优秀的员工可以通过 5~8 年走到该岗位的高阶，互联网企业相对比制造业时间要短一些。

● 任职标准

任职标准不是给人力资源部或者领导看的，而是通过人才标准，让员工明确自己发展的方向、自己与目标的差距，以及如何赶上和超越这个目标。

任职标准设置的维度主要包括四个方面：基本条件、职责任务、贡献度和应知应会。这些内容的确定往往需要两个角色，一个是人力资源的引导角色，一个是业务的专家角色，所以需要人力资源伙伴和业务标杆员工及其领导共同沟通、碰撞才能产生。

基本条件一般是企业对相应级别人才的基本要求，比如学历、关键经验、司龄、绩效等。关键经验不是我们平常理解的一般工作经验，往往指的是胜任这个岗位需要具备的关键的、核心的经历，比如具有从 0 到 1 体系搭建的经验、操盘过扭亏为盈的业务组织、有新建或关停工厂的经验、跨文化冲突管理经验等。对于司龄，我们认为可以做一个基础的把控，不建议企业通过过高的司龄限制来阻碍员工的发展。

职责任务是任职标准中的核心内容，明确这个岗位的职责与流程。我们通常分为三个步骤，即确定岗位职责、梳理关键任务、分级关键任务。一般我们通过三个方法原则来明确该岗位的主要职责和关键任务，即重要性原则、时间或流程原则和空间结构原则，比如培训发展岗位的主要职责包括讲师体系建设、课程体系建设和运营体系建设三个方面，这时采用重要性原则，选择其中最重要的部分：针对讲师体系建设这个职责进行关键任务分解，我们可以按照时间或流程原则，拆解"如何进行讲师体系建设的步骤"来梳理该职责对应的关键任务：空间结构原则一般作为重要的补充方式，比如拆解关系协作这个职责，我们可以分对内关系和对外关系两个方面展开。

接下来就是把岗位职责和关键任务落实到不同的级别，一般基于以下四个差异性进行分解：

（1）岗位的不同层级在关键任务上参与的广度、深度和难度的差异性。

主导角色：对整个项目成败负责，负责核心项目的方案制定和实施。

核心成员角色：负责制定和实施项目中关键方案，对核心任务负责。

独立承担者角色：具体负责某一个任务的执行，对单个任务负责。

参与者角色：承担项目的一些较小的或非核心的工作。

（2）影响的职能、业务、区域、金额、人员在范围、规模等方面的差异性。

在负责项目金额上的差异，比如 2000 万元以上的客户是需要资深销售工程师负责，500 万元以内的只需一般工程师即可；或者总监可以签批 10 万元以内的费用，而部门经理只可以签批 1 万元的费用。

在区域上的差异，比如一个销售主管负责一个城市，销售经理负责多个城市，而一个销售总监要负责一个或多个省。

（3）在流程建设、优化和体系变革方面所发挥的作用不同。

较低层级岗位主要是按照流程、体系的要求进行执行；而较高层级岗位不仅要监控执行过程，还要负责对其进行优化和变革，以使组织更有活力。

（4）在制定、审核、审批等方面的责任和担当不同。

这个是基于各个岗位在具体事项过程中承担的角色和责任的差异性。比如高级岗位更多是方案的评估、审核和审批，而一般岗位更多的是数据收集与分析，方案的制定、优化以及具体实施等。表 3 为不同级别销售工程师的主要职责。

表 3　不同级别销售工程师的主要职责

主要职责	职责任务			
	初级销售工程师	中级销售工程师	高级销售工程师	资深销售工程师
销售规划（按照职责担当的差异性分解）	–	为销售规划提供内外部行业和企业数据并进行初步分析	根据销售数据分析和制订公司策略，制定区域年度销售策略和计划	参与公司销售总体战略、政策与目标的规划

续表

主要职责	职责任务			
	初级销售工程师	中级销售工程师	高级销售工程师	资深销售工程师
业务管理（按照区域、规模的差异性分解）	–	负责单一城市的业务管理，包括但不限于客户、方案、交付和回款等	负责某一省份的业务管理，包括但不限于客户、方案、交付和回款等	负责多个省份的业务管理，包括但不限于客户、方案、交付和回款等
客户获取（按照关键任务难度上的差异性分解）	通过拜访客户和渠道商、参加行业论坛等获取客户有效商机	通过行业协会、高层关系等高端资源与客户建立关系链接，获取信任	通过为客户制定个性化解决方案，为客户解决问题建立商业链接	辅导、带教工程师进行客户拜访和商业链接获取

贡献度是指要向上晋级时需要立下的战功要求，一般包括业务贡献和团队贡献。业务贡献包括攻克行业标杆客户、制定行业白皮书、提升公司品牌度、所负责的业务体量、研发技术的突破等；团队贡献主要包括团队搭建和培养、高质量人才的输出、知识库建设等。

应知应会主要指完成该项工作任务必须要具备的知识、技能和核心素质。有些企业针对核心岗位会建立作战手册，明确完成工作任务的必要内容，非常具有指导性和实战性。完成这一工作具有特别的挑战性，因为此类核心岗位对企业来说影响较大，同时人员之间的绩效差异较大，并且人员较多。

● 人才评鉴

无法评鉴的标准是没有意义的，所以在制定人才标准时，一定要思考这个标准我们能不能评鉴，用什么方法评鉴，如果内外部实在找不到方法去评鉴它，那就暂时搁置。我们曾经想对员工进行"学习能力"评价，即如何识别这个员工的学习能力，当然外界也有一些关于学习敏锐度的测评，但当时我们基于成本和时间的考虑并未采用，而是希望能找到具有我们企业特点的、企业容易掌握运用的评价方法，于是我们在公司找到发展不错的员工听取大家对"学习能力"的看法，最后总结为三点：有没有自己花财力、精力去主动学习新技能；有没有主动承担新工作、新任务；有没有在各类会议上主动表达观点和建议，并愿意接受他人不一样看法。符合这三点，我们就可以认为他是具备学习能力的，而这三条不但人力资源伙伴和业务部门管理干部容易理解、判断和应用，同时员工也很容易进行自我学习和行为改变。

任职资格常用的评鉴方法主要有专业考试、情景案例、述能会、述职会等方式，主要由员工来提供相应的佐证来证明自己具备上一层级所需要具备的知识技能、关键经验、关键行为和业绩贡献等。企业通常组织相应的评鉴委员会，邀请与该岗位有关联的相关部门负责人参加，共同对员工进行合议。不同层级的评鉴侧重点还是有一些差异的，对于领导者的评鉴侧重在情景案例、公文筐等方面，通过具体的工作场景考察领导者的能力；而对于管培生，他们往往经验较少，更侧重在考试、测评之类。

人才标准一定要能够指引企业的发展，所以我们在任职资格标准建设过程中，要进行正向思考，这些人才标准对企业中短期目标的实现有没有推动作用？具体体现在哪些方面？如果没有强关联，这套标准将来很难落地应用；同时也要反向思考，如果没有这些能力，是否会影响企业战略和业务目标的实现？还有没有比之更重要的能力？同时人才标准一定要每年更新，因为企业的业务目标和实现路径每年也都在变化，反映到人才标准上也是一样。很多企业一套标准可以用几年，不管业务如何变化，内外部环境如何变化，依然不做调整，看似以不变应万变，实则是人才工作脱离了业务实际。可想而知，这套标准怎么可能对业务有支撑力，又怎能让企业和业务负责人去重视人才发展工作呢？

人才标准链接人才管理

企业只有人才标准还不行，重要的是这些人才标准如何和人才管理或者人力资源工作建立链接，融入企业的日常人才工作中，成为企业人力资源管理和业务管理生态中的一部分，这才能称为人才标准体系。

人才标准需要和企业培训相关联，基于不同岗位的任职标准所确立的培训内容，为员工赋能；人才标准和岗位体系、薪酬标准相关联，作为岗位评价和薪酬定标的基础；人才标准不仅是内部人才发展、人才晋升的标准，同时也是外部人才招聘的标准，实现内外部人才标准同频。

很多企业确立的人才标准，最后却沦为一堆文件，没有真正发挥作用，就是因为没有和人才管理及人力资源管理工作进行链接，结果导致人才标准项目不断出炉，却都没有沉淀，耗尽了企业精力。

如何判断人才标准体系的有效性呢？我们可以从三个维度进行判断和思考，即指引性、关联性和易操作性。

指引性主要看人才标准能否链接企业战略，能否看到企业业务打法和对员工的能力要求，以及员工是否从人才标准中看到自己发展的方向以及动力；关联性主要看人才标准和招聘、培训、薪酬、绩效等人才相关工作具有关联性和一致性，相互融合，相互支持；易操作性更多从实务的角度出发，越是容易理解，好操作的人才标准体系越容易得到执行。如果在每个维度上，我们都可以得到比较正向的信息，那么这套人才标准体系应该说对企业是有效的。

04

如何体系化推进人才标准建设工作

　　我们常讲人力资源中职能和业务会存在两层皮的现象，其实在人力资源内部，人才标准体系工作也很容易和其他人力资源工作形成两层皮，互相脱节，不能形成协同效应。为什么很多企业的人才体系工作落不了地呢？往往做了一两年的项目，却发现难以看到人才体系的自运转。一旦组织内部有一些业务、项目、人员的调整，之前人才管理的成果就会束之高阁，新的思想、新的项目主导人员还会带动企业人才管理体系底层的运作逻辑或方法论产生变化，甚至将体系推倒重来，这些现象对企业的破坏力比较大，也是需要我们谨慎注意的地方。

　　越是重视人才培养的企业，越是要重视人才标准。我们也看到有不少这样的企业，中高层岗位的人才综合素质与市场的水平差异较大，这就是企业缺乏人才标准或者人才标准未能与市场同步造成的。

缺乏人才标准的内部人才培养和任用，是企业走向衰弱的慢性毒药。

我们总结了各企业在推进人才标准建设中，经常遇到的几个坑，避免或者做好防范，可以减少我们在体系推进过程中的障碍。

不系统

一些企业在推行人才标准建设项目时，往往孤立地去评价、推行。没有洞察到它在人才管理体系生态中的协同位置，比如人才标准与人才评价的关系，人才标准与人才发展的关系；仅仅把人才标准体系放入人才管理体系中还不够，还需要和其他人力资源工作相联系，比如薪酬管理、招聘管理、晋升管理等。只有在整体上、全局上进行系统的思考，我们才能做到"拨开云雾见天日"，不会"只见树木、不见森林"。

一个事物要想被别人接受，那就要在体系里形成不可或缺的价值，即人才标准体系的成果是否可以被其他人力资源体系所运用；反向思考，人才标准体系是否可以运用其他人力资源体系的成果。只有体系之间相互存在运用和被运用的价值，两者才会融合，这样的人才标准体系才会有存在的价值。

除了人力资源体系自身缺乏系统性外，还存在人才标准建设工作和业务、组织之间的不系统。往往不少人力资源伙伴过于专注自己，而忽视了业务和组织的诉求。建设人才标准体系不是为了人力资源部门自身，而是为了组织和业务部门，是为了解决它们在人才管理过程中遇到的问题。我们很容易陷入闭门造车的陷阱，形成一套华丽的人才标准，却没有关注当下组织和业务对人才标准的诉求是什么。只有适合的才是最重要的，能解决问题也至关重要。

不专业

专业性是运作人力资源项目非常重要的基础，无论内部团队还是外部顾问，要求其不仅对人才标准的理论非常清晰，对我们所采用的某一套建构方法论要知其然更要知其所以然，同时对整体人力资源运作逻辑，以及如何与业务进行交互和促进，需要有自己的系统思考和理解。这样我们在方案设计和运作，与各层级人员沟通、辅导和解惑过程中更容易建立信任，所以具备专业的解决方案的能力是人力资源伙伴所必需的。

没有经过几个项目的磨炼，我们不知道在推进过程中可能遇到哪些障碍，就无法有预见性地进行解决。任何一个环节的问题都会导致项目的失败。每个组织的管理成熟度都是有差异的，我们是在推行一个具有现实意义的项目，而非完美的项目。有些组织的管理成熟度很低，撰写一套标准都很困难，那么我们就要考虑如何通过简易的方法去辅导对方，形成一个相对简单但实用的标准，我们可以随着大家的管理成熟度以及对人才标准体系的理解的不断深入，每年进行人才标准的迭代升级。在管理成熟度高的组织里面，中高层干部往往也会存在不同的想法和思路，本身也经历过不同企业的人才管理体系，这对我们来说也是个挑战，如何求同存异呢？只要人才标准能够起到对业务的支持作用，指引人才的发展；只要能够指导我们的人才评价工作，指引员工的发展，员工通过标准知道自己目前所处状态以及上一个职级需要符合什么条件、做出什么贡献，那么我们就能抓住本质的"同"，其他的形式上的"异"都是可以沟通和调整的。

我们以任职资格体系为例，讲解应该如何体系化推进人才标准建设工作。要想在集团或企业内部推进任职资格体系建设，让它成为我们人力资源管理体系和企业管理体系的一部分，能够持续自运营，我们总结其核心为双化：

体系化和项目化。

第一是体系化

人才标准是组织和人才管理的核心，因此企业在推进任职资格体系建设时，首先要把它放到企业的人力资源和业务管理逻辑中，我们从业务的价值创造、价值评价和价值分配的逻辑开始展开，价值评价是整个逻辑的中枢，是一个多维的评价机制，这些评价机制的底层基础是企业的人才标准，人才标准采用的方法论和底层逻辑不建议企业经常改变，在一定时间是相对稳定的，这样员工也会明确工作价值评价的指北针在哪里（如图 11 所示）。

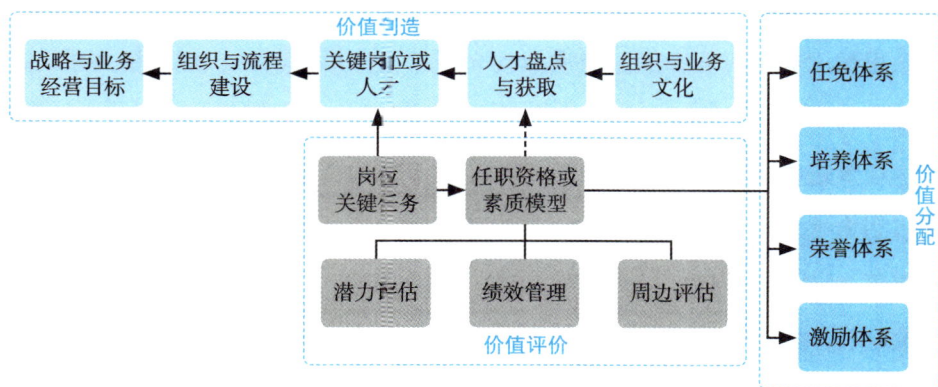

图 11　人力资源和业务管理逻辑中的三大价值示意图

我们要在组织内经常阐述自己的业务和人力资源管理逻辑，让广大业务管理干部和人力资源伙伴在意识上认识到，人才标准建设工作是业务目标实现的一个重要的支撑。人力资源伙伴在运用人才标准项目时，也要围绕自己组织的人力资源管理逻辑，注意其与上下游的接口设计。

体系化还有一个抓手就是企业的制度和流程，我们将体系化的内容通过制度和流程来承接和落地，在企业法理上进行确认，我们要在企业的晋升管理制度、人才管理制度、岗位评价和薪酬管理等制度上明确人才标准的作用，明确我们对人才的评价、晋升的依据是什么，明确组织各职别、各层级需要制定相应的人才标准，没有人才标准就无法进行评价，无法评价也就无法进行人员晋升、调薪、培养等管理动作。这样将人才标准和企业每个人的利益进行深度的捆绑，这个工作也就成为业务部门分内事，而不是人力资源部门的要求。

第二是项目化

项目化是我们推进人才标准建设工作的一个核心抓手，项目过程是一个团队思想同频的过程，通过专项活动来帮助大家形成新的管理思维并采取一致行动，让大家了解所有的人才管理工作的前提就是先有人才标准。

在推进人才标准体系建设时，人力资源部门需要特意开展一些项目，前期包括人才标准的理念和方法论的外部经验分享、内部共思共创；中期在发展通道、职级设定、人才标准撰写方面，组织内部专家和人力同事进行撰写、讨论、评审和公布，核心的周边关系人参与度越高，后续具体实施时障碍越小，有必要也可以聘请外部专家和顾问；后期企业可以组织开展各部门、各条线的人才盘点工作，组织人员落位，通过撰写材料、述能答辩等形式，让员工都行动起来、参与进来。

人才标准并非一成不变，每年都要根据企业运行情况进行动态改变，原因在于外部经营环境的变化，势必带来业务目标和实现方式的变化，进而对组织能力和个人能力的要求的改变，而这又反映到了具体的人才标准中。其内容包括对能力的要求，对贡献度的要求，一定要和组织当期和未来的业务目标相结合，才能发挥指引的作用，这样才能获得高层的持续支持。所以每年年末在进行组织业务规划时，我们就要组织人才规划沟通会，其中一项就是第二年我们对组织能力和组织贡献的要求，我们将这些能力和贡献分解到关键岗位，融入相应的关键岗位人才标准中。因此，企业每年都应该更新和优化人才标准，尤其是核心岗位。

05

如何构建企业的人才评价体系

　　人才评价体系与人才标准体系是一个相辅相成的关系，无法评价的人才标准是没有意义的，所以在设定人才标准时我们就要同时思考如何评价它。

　　我们想测量一个物体的长度时，就会选择直尺之类的工具；我们想要测血压时，就会选择血压计之类的工具。人才测评也是如此，企业需要针对不同的测评对象（人才标准），选择不同的测评工具（人才评价）。

　　测评有不同的对象，比如测评性格、特质、智商、情商、领导力的。而针对不同的测评对象，每家评价机构基于测量学、心理学、管理学等理论进行相应工具的设计和开发，形成了各有特色的测评工具。目前市场上的测评机构也比较多，比如光辉国际、DDI、SHL、北森等。那在面对众多的机构和评价工具时，应该如何去做出正确的选择呢？一般我们需要从四个方面去判断其价值。

信度

评价的信度是指前后评价结果之间的一致性、稳定性和可靠性，同一个评价工具对同一对象按照同样的程序和方法进行测评，它们的结果应该是基本一致或相同的。比如前一次测评体重是150斤，过两天再测变成140斤了，前后结果有着较大的差异，表明一致性较低。当然前后两次测评时间不宜过长，相隔时间越长，测评对象本身会发生变化的可能性就越高。信度还可以分为重测信度、复本信度、内在一致性信度、分半信度和评分者信度。我们一般只要掌握基本的信度判断标准即可，信度低于0.7，不建议采用，而如果达到0.8以上，那么评价工具的信度则比较高。

效度

评价的效度是指评价结果的有效性程度，也就是评价的结果和所要测评的内容的符合程度，评价的工具或手段能够准确测出所要评价对象的程度。比如我们本想测量的内容是人的体重，可测评结果显示为人的高度，则说明评价符合度低。效度还可细分为内容效度、效标关联效度和结构效度。一般效度低于0.7，评价工具符合性不高，不建议采用，而如果达到0.8以上，那么评价工具符合性是比较高的。但信度和效度超过0.9，一般也要谨慎选择，需要专业地去评估其信度效度数据的可靠性和真实性。

常模

我们在选择好效度和信度都比较符合实际的评价工具后，还要看这个工具的常模性质和数量。比如我们在评价某个人的一项能力为 8 分，但无法确定这个能力到底处于什么样的水平，这时候就需要借助常模，评判这个能力在类似评价对象中普遍得分多少，被评价对象处于常模中的多少分位，如果显示被评价对象处于 60 分位，那么说明处于一般水平，同样如果这个能力得分为 5 分，但是处于常模的 80 分位水平，那么即使分数低，但也处于同类人群中较高的水平。

所以这时常模的性质和数量就尤为重要，比如，比较对象与比较人数。作为企业来说，我们肯定希望与行业企业相比，了解我们人才所处的位置，那么我们就会希望测评工具的常模中有我们所在行业的数据，甚至是排名靠前的优秀企业样本数据；在地域上我们也希望能够对标到我们企业相应的区域。所以我们采用某个评价工具时，要了解常模的对象性质，明确企业对标的范围，这样才有比较和对标的意义。一般而言，常模数量在 1000 以上就具备比较的意义，当然如果我们对标的常模对象本身就比较小众，常模数量可能会相应较少。

应用场景和解读

每个评价工具都有独特的应用场景，企业需要根据具体应用场景进行有针对性的选择，常见应用场景为招聘、培养、晋升等。比如招聘时一般会测评被评价人的认知、潜力、特质、个性类，尤其是校园招聘，潜在能力比现实能力更为重要，所以我们一般会测评应届生的归纳推理、数字推理、演绎推理、动机等，通过这些来盘点他的发展潜力。比如360°评价一般适用于培养阶段，通过周边反馈来测评人员的各项能力，用于晋升往往不太合适，特别是特定环境内，真正做事的人往往会收到更多的被批评的声音。晋升的评价往往是多维度的，既要考虑现实能力和业务结果，也要评估被评价人的未来发展潜力，比如述职汇报、领导力测评、潜力测评等。

外部专业的评价工具都需要专业的解读，一般评价机构都会有相应评价工具解读的培训和认证，也可以提供个体和群体解读报告的咨询服务。企业在选择这类评价工具时，要了解评价机构出具什么样的报告以及如何解读，专业度如何，对我们在人才管理上是否具有实用性和借鉴价值。

那么常见的评价工具有哪些，我们如何在实际应用中选择合适的评价工具？接下来我们重点介绍企业经常采用的八种评价工具：

第一，绩效结果

对于企业现有人才的选拔、晋升，常用的一种简单评价方式就是看他的绩效结果。企业一般也是优先选拔有着较高业绩成果的人才对其进行培养和晋升。

绩效结果包括组织绩效和个人绩效，优秀的干部一定取之于成功的事业部和部门；优秀的干部也一定经历前、中、后台的轮岗和锻炼，在做人才盘点的时候，一定要考虑当事人所履职组织的绩效差异。同时要看个人绩效，在华为只有绩效水平前25%的人才才有机会晋升，业绩是人才与公司之间信任的基础。

绩效结果能否运用合理，取决于企业本身的绩效管理水平，大多数企业的绩效结果区分度较小，未能体现出人才之间业绩输出和对组织贡献度的差异，导致在人才盘点应用时，参考价值不大。如果我们的企业还处于这样的状况，一方面要逐步改进企业绩效管理体系，一方面要求各级管理干部针对盘点人才按照优、良、中、差进行强制比例分布。

第二，结构化面试

结构化面试是对面试的评价要素、面试题目、面试提问、评分标准、结果合议等进行规范化、结构化和系统化的一种评价方式。是一个比较实用的评价方式，相对成本也比较低，主要是对面试官的要求相对较高。这个方式不仅可以用于企业现有人才的选拔晋升，也可以用于外部人才的招聘评价。

结构化面试主要基于企业人才标准进行面试问题设置，通过对被评价人的问题回答来进行评分，所以企业要建立起人才标准—面试问题—评分标准——对应的结构化清单。

基于结构化清单，可以培训面试官相应的面试方法和技巧，经过企业内部认证通过后，就可以在人才评价中予以采用。

面试提问的理论基础是行为面试法，理论上认为个体在过去的稳定行为能够在未来相似情景下重复，具备某种行为能力的个人，能快速迁移到新情景中。

我们常用的工具就是STAR，针对每个问题围绕它的背景、任务或目标、行为和结果四个要素进行多次循环提问，确保我们可以获取一个完整的事项结果，通过被评价人对过去处理事项的说明，我们来评估他是否具备岗位所需要的某些能力，能否解决未来岗位类似的问题。

在准备面试过程中，需要面试官用到厘清、追问等面试技巧。比如被评价人经常说到我们，那么我们就要厘清我们是谁，我们到底在这个事件中承担什么角色，避免被评价人把团队的贡献当作自己个人的贡献；另外常见的情景就是被评价人以理论式的描述来回应问题，这时就需要被评价人具体举例说明当时是如何进行的，按照 STAR 的逻辑要求被评价人补充完整。

第三，潜力测评

潜力测评主要用于内部高潜人才的选拔方面。评价人才是否具有较高的发展潜力，市场上的潜力测评主要围绕成就动机、快速学习、思维敏锐、人际理解和影响力这几个要素进行设计。企业可以围绕这几个要素进行一些问题的设置，通过被评价人周边关联人员的访谈或评分进行评价，也可以通过购买专业的潜力测评工具来使用。目前光辉国际、北森等机构都有类似的产品。

第四，心理测评

心理测评是依据一定的心理学理论，针对处于冰山理论底层的要素的评价，比如人格、特质、动机等，对其进行测评需要非常专业的工具，比如卡特尔 16 种人格因素问卷、明尼苏达人格问卷、埃森克人格问卷等。这些问卷都是基于心理学上相应的学术理论研究开发的，比如艾森克的三因素模型、塔佩斯的大五理论、荣格的 MBTI 理论、卡特尔的 16 种人格理论等。大部分问卷和解答是可以通过学者的著作和论文等进行学习和使用的。

第五，领导力测评

我们通常认为领导力是一个人自我领导、领导他人、领导团队实现目标的行为方式的组合。这些行为方式可以激发人们心甘情愿和满怀热情地跟随领导者为实现组织目标而努力。领导力测评往往是测评被评价人自身行为方式与组织要求或模型要求的匹配度的。

企业可以根据自己所处的发展阶段以及管理成熟度决定是采用外部通用型领导力模型还是定制化开发。目前光辉国际、美世、北森、SHL 等都有相对比较成熟的领导力模型和对应的测评工具。

领导力测评的核心在于评估要素的行为化和具象化，以及对测评结果的有效反馈。不少企业的领导力标准本身过于抽象，而且没有进行行为化和具象化的分解，不具有可评价性，同时在实际反馈时无法给予非常具体明确的行为改进建议。这样的测评是毫无意义的。

第六，关键经验

关键经验评价不同于一般的经验评价，往往指的是企业未来发展需要的战略性经验，比如对于研发管理人员来说，要求具备市场开拓的关键经验；对于人力资源管理人员来说，要求具备新建工厂的关键经验；对于财务管理人员来说，要求具备并购的关键经验；这些关键经验和企业未来的战略性举措是相关联的。

这些关键经验往往在进行业务和组织盘点时进行识别，作为将来人员培养和晋升的重要指引之一。关键经验的评价相对比较直观，通过述职就可以体现，要求被评价人对企业列出的关键经验提供以往成功或失败的案例及其经验总结。

第七，360° 测评

360° 测评是通过被测评人周边相关人员的访谈、问卷等形式对被测评人进行多维度的评价，其特点是不仅关注被测评人的上级评价，同时关注其下级以及工作上下游人员的评价。

360° 测评结果主要适用于被测评人的培养和发展，对于晋升则需要谨慎使用。由于每个被测评人的 360° 周边评价人员不同，每个人的宽严评价或打分也不同，360° 测评结果更适合找出自己的优点和缺点，不建议应用在被评价人之间的横向比较方面。

第八，评价中心

评价中心是一些人才选拔和评价工具的综合体，包括了特质测评、无领导小组讨论、公文筐测验、案例分析、模拟会议、结构化面试等评价方式，是基于多视角、多方法、多专家的全面系统对人才进行全方位评价的设计，一般在高级管理干部的聘用和选拔时采用。

这种方法最早用于第二次世界大战时期的军事人才选拔上，战后逐步地在企业界得到运用，一些大型跨国企业会设置专业的评价中心来开展人才评价工作。评价中心本身对设施设备、专家资源、技术投入等要求较高，投入成本较大，因此大部分企业如果想采用评价中心的方式，比较经济适用的方法是购买咨询公司的评价中心服务。

随着心理学和管理学理论的不断发展，人才评价工具和方法也在不断地推陈出新，企业需要持续关注外部具有成功实践的工具和方法，不断丰富自己的评价体系。没有一个评价工具是完美的，需要企业组织或人力资源专家和业务领导共同设计出适合自己的工具以及相应的应用方案。

06

如何有效开展人才盘点

外部环境竞争激烈，不确定性越来越大；同时中国经济尤其新兴行业的快速发展，经营环境和经济发展对智力人才要求越来越高，各家企业都希望借助智力人才提升组织战斗力，持续保持领先的地位。

企业之间的竞争是人才的竞争，其核心是人才管理机制的竞争。大部分企业即使短期可以从外部获取优秀的人才，但是因为企业内部缺乏系统的人才管理机制，优秀的人才可能依然无法发挥他们的作用和价值。企业只有在人才标准体系、人才评价体系、人才盘点系统和人才培养系统上进行系统性的管理和迭代优化，才能发挥人才的作用，才能体现组织管理的力量，才能驱动企业的经营发展。

前面我们论述了人才标准、人才评价，那么人才盘点的定义是什么？人才盘点能解决组织什么问题？企业如何进行人才盘点？接下来我们围绕这三个问题进行探讨。

人才盘点是基于组织未来发展规划,识别当下和未来组织所需人才数量、质量和结构的过程,为后续组织采取招聘、培养、激励、汰换等一系列人才管理措施奠定基础。可以把人才盘点结果比喻成企业的现金流报表,通过对企业当下、未来业务和现有现金流水平的了解和判断,预判未来需要多少现金流出,有多少现金流入,差距有多少,平衡点在哪里。当然,对人的判断比现金流的判断难度要更大,毕竟人是一个复杂的生物。

那么人才盘点可以帮助企业解决哪些问题呢?主要有以下三点:

摸清组织家底

组织越大,越容易产生人才管理的黑箱和死角。企业负责人和人力资源负责人对企业中高层人员认识多少?了解多少?又熟悉多少呢?尤其是一个集团化的企业,组织和业务遍布全国甚至全球各地,业务和地域的复杂度加大了对人才认知的难度。通过定期的、系统的人才盘点,我们可以对组织和人才形成比较全面的认识,甚至会颠覆一些我们原有的认知,如每个人的状况如何、擅长点和风险点在哪、业绩绩效和组织贡献度如何,与我们之前的判断有什么偏差,为什么会产生这样的偏差等。把组织的犄角旮旯都盘一遍,该清理的就及时清理,该调整的就及时调整,该发展的就及时发展,不让组织有吃闲饭的人,也不让人才埋没在尘土中。通过摸清家底,可以帮我们对组织进行净化,为企业人才管理奠定基础。

助力组织变革

当企业面临组织和业务调整、变革时，首先需要思考的就是组织现有团队是否具备适应组织变革的意识和能力，原有的业务框架下的能力结构和思维意识是否有助于或妨碍组织转型。

企业可以围绕组织变革所需能力形成新的人才标准，不管用何种方式进行人才标准的建构，人才标准最终呈现的内容至少包括输入、转化和输出三个部分，输入一般是对人才的基本要求，比如学历、年龄、资历、知识技能等；输出则是该岗位对业绩结果的要求；转化则体现为解决问题的能力，推动人才知识技能进行转化为业绩结果的驱动因素，主要是关键经验和关键行动。同时人才标准不仅包括积极的能力标准，还要反向梳理阻碍因素，也就是何种能力过多呈现或者具备哪些能力反而能对业绩结果造成巨大的负面影响，尤其是在组织变革、业务转型阶段。

通过这样的人才盘点，可以对未来组织变革的人才布局做到心里有底，即哪些可以参与并支持变革，哪些可能会影响到组织变革。这样人力资源部可以在企业一把手的支持下提前做好人才布局，通过外部人才引进、内部人才轮岗调岗等形式增加有利于组织变革的人才因素，边缘化不利于组织变革的一些人。

破局组织僵化

组织发展到了一定的阶段，往往会面临着一系列的组织问题，比如组织僵化、没有危机感、没有激情等。这时人力资源部门可以通过人才盘点的方式给组织来一剂强心针，一方面可以提高大家的危机意识，意识到岗位不是铁饭碗，另一方面识别出企业高潜人才，大胆提拔高潜基层人才到中层做副手，高潜中层人才给高层做副手，大胆给予年轻人才发展机会，也是给现得利益者压力，打破诸多的权力格局和掣肘。

那么如何进行人才盘点？人才盘点是组织管理中相对比较成熟的一套方法论，是人才管理中比较重要的一个环节，连接着人才标准和评价、人才发展和运用两个比较大的环节。广义的人才盘点可以把这几个环节都包括进来，狭义的人才盘点一般指基于评价结果对人才的落位。

广义的人才盘点包括四个阶段：业务盘点、组织盘点、人才盘点和发展计划。

业务盘点主要是厘清业务现状和需要，包括行业的发展趋势和10倍速机会增长点在哪，企业的当下客户和未来客户在哪，客户的诉求和痛点在哪，我们可以为客户提供什么样的价值，与竞争对手的差异性和竞争力在哪；基于这样的价值输出，我们应该通过什么类型的产品、解决方案来实现，对应到组织内的关键任务是什么。

组织盘点主要围绕关键任务的实现，我们的组织、流程需要进行哪些调整以满足变化，哪些是完成关键任务的关键岗位，这些岗位相应的职责和人才标准是什么，业务变化需要什么样的组织文化来引导转变。

前面的业务和组织盘点是为后面的人才盘点打下基础，接下来的人才盘点主要基于组织对人才的要求和标准进行评价，比如基于关键经验、关键行动、绩效结果、发展潜力等维度进行量化评价。评价方式主要有绩效考核、360°访谈、能力或潜力测评、述职述能汇报等方式。基于评价的结果，企业一般对人才按照能力、业绩或潜力进行九宫格或四象限的人才落位。人才落位结果最后通过人才盘点校准会议进行调整和确认。人才盘点会议一般是由被盘点人才的上级领导、上上级领导、周边部门领导和人力资源负责人等人员组成，如果企业采用述职或述能会议，一般也会和人才盘点校准会议相结合进行综合评判。在校准会议上，大家对人才落位进行调整，需要提出非常客观的事实依据，并得到大家的普遍认同，这才可以进行调整，通常也仅仅是周边一格的调整，这样既体现对客观评价本身的尊重，同时也体现了灵活性。参与盘点的干部一定要对被评估岗位的人才标准和现履职人员工作情况有着深刻的认识和理解，这样的调整建议才有科学的意义，否则大家往往会提出一些和当前人才标准不一致的判断和佐证，比如我们的能力标准中对沟通要求是"能够清晰简明地阐述观点，并获取他人行动支持"，实际上有些评委对沟通这个能力的理解会有偏差，认为被评估人能说会道，又能主持公司各种活动，怎么可能沟通能力低。显然前后意见不一致是评委没有理解公司所定义的沟通标准。一定要做到所有评委标准同频、评价工具同频，同时通过人才盘点也是增强企业干部对人才标准理解、达成共识的一个过程。针对职位较高的人才和干部的盘点，建议引入 1~2 位外部专家，可以在现场进行流程引导，当有争论时，也可以站在第三方视角使大家达成共识。

最后阶段就是发展计划，如果没有发展计划，人才盘点就不是一个闭环的人才管理动作，没有发展计划，大家看不到人才盘点的结果运用，久而久之都会觉得人才盘点就是领导的套路，对员工自己没什么实质的用处，后续大家对人才盘点就不会采取支持的态度。常见的发展计划包括被评估对象的反馈，高潜人才的培养、晋升，外部人才引进计划，个别人才的调整或淘汰。同时，企业每半年都要对发展计划的执行情况进行回顾和检讨。

企业第一次做人才盘点工作，通常会有较大的阻力，管理干部往往认为自己对部门员工都很熟悉，没有必要大费周章；而员工也有自己的担心，认为这可能是企业淘汰人员的手段。企业一把手的支持尤为重要，需要让各级管理干部都认识到，人才是企业的人才，不是某个部门、某个干部的人才，对人才的评价也不能是一两个人的看法就可以决定的，而一定是多维度的团队共识；同时做好员工沟通，让他们看到人才盘点的积极作用，对自己的成长和发展的帮助；最后就是相信专业的测评工具，它们会给我们带来不一样的视角和启发。

对于测评工具，大家可以借助外部市场在效度和信度上表现良好的工具，一套测评方法论和工具建议大家要使用一段时间，一般至少在 2~3 年，避免每次盘点都更换一套测评工具．这不利于大家对测评工具的认识和理解。每一次新的方法论和工具都是需要学习的，也不利于大家对企业人才数据的积累。大量测评数据的积累和分析可以帮助我们找到自己企业高绩效员工身上所具备的特质，有利于我们对人才标准的优化。

每一次人才盘点都是不断地厘清、优化、升级企业人才管理技术，包括标准技术、评价技术、盘点技术和发展技术；都是管理干部和员工对企业人力理念的同频过程，统一思想和理念、统一方法论和工具的应用；都是组织挖掘人才、建立人才标杆的过程；都是人力资源部门在人才方面支持、推动业务发展的促进点。

07

如何快速进行人才培养

　　大部分企业非常重视内部人才的培养，将人才视为组织最宝贵的资产，优秀的企业往往也愿意在人才培养与发展上给予较大的财力和时间上的投入及支持。我们通过人才盘点识别出高潜人才之后，即将面临的问题就是如何快速培养，让他们尽快成为企业所需的更高层级的人才。人才培养与发展的方法和技术有上百种，每年都会有一些新颖的最佳实践的出现，那么哪些是优秀企业常用且成功率较高，同时组织是如何检验和评价我们的人才培养工作的呢？

　　以终为始，做人才培养和发展工作，我们首先要学会思考组织最终是如何检验和评价我们的工作的，什么样的结果是组织所期望看到的。我们经常看到人力资源负责人或者人才发展负责人在分享工作时乐于展示一年中人力资源部门组织了多少人才项目、开了多少期培训班，以及学员满意度、培养计划达成率等数据，这些都是有价值的，但这是企业或业务负责人最想看到的结果吗？这些往往是人才培养的过程，或许有精彩瞬间，但它不代表人才培养的最终结果。

我们和很多企业负责人沟通他们对人才培养和发展工作的评价，很多企业负责人脱口而出的是"有人"，即当组织业务发展需要干部的时候"有人可上"；当组织有棘手的难题需要攻克的时候"有人可用"；当组织遇到不匹配干部时"有人可换"。"有人"才是衡量一个组织人才培养和发展的最终目标，其他的都是实现这个目标的手段而已。手段不等于目标。所以作为人力资源部门，我们在系统思考人才发展工作时，需要综合考虑：当下和未来组织面临的业务挑战，包括业务的扩张、需要解决的问题等，这是事的层面；今年组织需要多少人，需要什么样的人，这是人的未来层面；目前可以为组织推荐、提拔多少人，手上还有多少可培养的苗子，需要多久才能胜任，这是人的现在层面；可以采取哪些措施加速人才培养，需要外部引进多少人才，这是方法层面。我们要做的就是把事—未来的人—现在的人—方法打通。

很多人力资源部门同事往往对业务挑战认识不清或存在偏差，无法精准找到人才管理的靶点，无法清晰地理解人才可以在短期和中期帮助组织解决什么问题，长期需要匹配什么样的价值观。这样在外部引才的时候就无法精准描绘出合适的人才画像，容易在候选人的解决问题能力和经验上出现错位，不知道自己需要的人才在哪里；在内部人才培养上无法聚焦核心能力的提升，出现"撒胡椒面"的现象。

明确好数量和质量的要求，从内部培养的角度来看人才工作，常见的人才培养方式有如下几种。

专项人才班

专项人才班是企业人才培养中最常见的一种形式，通过人才盘点，识别出高潜人才，纳入企业人才班进行统一培养，人才班围绕成长学习721原则设置项目任务、课程集训、标杆学习、影子学习等具体学习内容和形式。人才班会根据不同的层级划分为基层班、中层班、高层班；也可以根据不同的职能划分为人力资源班、财务班、生产质量班、销售市场班等。有些企业会根据自己的行业特点或文化特点赋予人才班一些特色名称，比如雏鹰班、雄鹰班、领航班或融入班、成长班、进阶班等。人才班培养方式可以帮助组织解决人才群体共性问题，同时群体学习也可以促进不同岗位、不同部门、不同子公司之间的人才进行横向的交流，拓展知识面。随着线上学习技术的发展，人才班可以采用线上线下相结合的方式开展，这样可以减少大家异地集中学习的时间成本及交通住宿成本。

专项人才班一般有两种设计逻辑，一种是以提升解决问题或任务为目标，一种是以具备履行更好职位为目标。前者基于学员所带的企业课题进行内容设计，在课题的进行过程中有针对性地赋能、辅导。后者基于更高职位的胜任力或任职标准进行设计，更多基于新岗位可能面临的挑战进行赋能、导师带教等。人才班最大的问题是企业很容易把它办成课程班，过多的资源和时间用在了721原则中20%部分，而忘记了实践才是最重要的部分。

个人发展计划

个人发展计划是一种一对一的人才发展技术，通过学员上级、人力资源部门与学员进行一对一沟通，明确个人的发展方向、优势、不足，进而进行设计的具有个人特点的人才培养计划。专项人才班往往更倾向于共性，而个人发展计划更侧重于个性。

个人发展计划往往针对团队里的前 10% 左右的高潜人才，具有非常高的指向性，最早的个人发展计划往往是针对一些比较高职位的人才，目前这种方法的运用人群也比较普遍，适用于中基层管理干部以及一些专业人才。

个人发展计划需要持续跟进，根据环境、个人变化持续进行培养内容和方式的调整。一些企业采用这种方法不明显，往往是因为虎头蛇尾，开始搞得轰轰烈烈，过程中无人问津，结果更是不得而知。等到再想采用这个方法的时候，很多人才已经没有信任基础了，大家会认为这就是一种走过场的形式，内心也逐步形成一种应付心态。

上任第一年是新晋升干部转变的关键一年，不少企业的新干部在第一年的存活率比较低。我们在企业里面推行过新晋升干部的个人发展计划，在新干部晋升一周内，指定人力资源同事、业务干部和新晋升干部结对子，分别作为思想导师和业务导师，帮助新晋升干部快速适应新角色，我们为新晋升干部制订为期一年的个人发展计划，明确一个月、三个月、六个月、十二个月需要学习的内容、新岗位的任职要求、所需通过的答辩考核等。

在此过程中人力资源同事要定期组织对所结对子干部、其上级、周边干部的访谈和评估，为结对子干部制定差异化的学习内容，同时每三个月调整迭代一次内容。在关键时期，比如三个月或六个月组织答辩考核，邀请新晋升干部的上级和周边部门干部参与其中，共同检验新晋升干部的学习成效。答辩考核的结果也是作为新晋升干部是否胜任的依据，对于不合格的新干部及时做好备案。当然也会有个别干部不积极，我们会选择性地放弃，等到运作一段时间后，通过参加和不参加个人发展计划的表现上的差异，让大家了解参加此项目的益处，让他们主动来要求给自己制订发展计划。任何一个人才培养和发展的工具只有看到效果才能得到大家的支持，如果没有让大家看到这样的差异性，那么我们自己就要反思，到底学习方案设计与实施是在哪个环节出了问题。

挂职锻炼

挂职锻炼在政府、国有企业里面比较常见，现在不少集团企业也在尝试和推进跨企业、跨职能高潜人才的挂职锻炼。挂职锻炼包括集团到下属企业、下属企业之间，以及下属企业到集团三种形式。集团到下属企业挂职锻炼侧重于让干部熟悉一线业务，下属企业之间挂职锻炼侧重于学习对方企业的优秀经验，下属企业到集团挂职锻炼侧重于熟悉集团文化氛围和工作方式。

挂职锻炼的时间一般是 6~24 个月，时间太短学不到东西，容易走形式，走马观花；而时间太长又会给原单位带来编制上的压力。在企业里面，挂职锻炼一定要让人力资源部门进行统一管理，统一进行挂职锻炼人才选拔、对口企业联络、工作学习计划制定以及定期的管理考核，避免出现调入单位、调出单位两不管的局面，同时企业明确挂职锻炼人员的薪资成本归属、挂职锻炼专项补贴标准、挂职锻炼结束后的人才使用原则等细节内容。

挂职锻炼根据必要的历练目的进行具体的岗位或任务的设置，常见锻炼类型有：组织调整或变革、多部门管理与协调、建立和领导新业务团队、亏损业务单位扭亏为盈或关闭、人才的识别和培养、企业文化的塑造等。比如当我们期望学员提升发现和培养人才的意识和能力，我们会优先建议在人力资源部门锻炼，通过承担 HRBP 或者人才发展负责人的角色进行挂职锻炼；当我们期望学员学习塑造企业文化的能力，我们会考虑其在新并购企业进行挂职锻炼。不同的目的配置不同企业类型、不同岗位类型的挂职锻炼。

影子计划

影子计划最早是研究者常用的观察方法之一，通过融入研究对象的日常生活，观察他们的各种行为和经验，识别一些其他研究方法所不能发现的问题，后来也逐步运用到企业人才培养中。

针对核心高阶岗位后备人才的培养，我们可以考虑影子计划。高阶岗位后备人才一般培养对象数量不多，因此采用集中式的培养，但缺点是不容易聚焦，会形成培养资源浪费。我们可以采用一对一的带教方式，由企业高管，甚至是企业董事长、总经理亲自带教，学员作为高管的助手，像影子一样全程参与高管的日常管理活动中，耳濡目染高管的战略和业务管理、业务与人事决策、问题判断与危机处理、商业谈判等。

影子计划对带教高管的要求比较高，这个需要双方有着非常高的信任基础。一方面，要能够接受学员的全程参与，学员介入自己的所有管理活动中；另一方面，对高管的教练能力要求高，能引导学员深度思考管理活动、经营决策背后的依据、考量点。

在线学习

在线学习的技术近几年来得到了快速发展，其内容得到了普遍的应用，尤其是"后疫情"时代，各企业在在线学习方面的投入得到了大幅的提升，在线学习充分利用了学员的碎片化时间，同时减少了学员在地域集中方面的时间不便和财务成本。

在线学习虽然利用了学员的碎片化时间，但是企业在选择在线学习方式和内容时，一定要注意学习内容的系统性。在线学习对培训组织者要求极高，如何避免放养式学习，提高学习效率和效果，培训组织者需要根据在线学习的方式和学员特点有针对性地采取学习管理措施。比如，我们组织线上的创新训练营项目，可以每周安排学员自行安排时间完成线上学习课程，并完成相应的课后作业，同时每周组织一次集中线上分享，由导师进行主要学习内容的回顾，以及课后作业的点评，针对学员完成课时、作业质量、分享质量给予评分并排名。同时还可以线上线下相结合，请优秀员工或企业高级管理干部和大家分享、交流学习相关内容以及在实践中的应用。

根据 ATD 每年分享的学习与人才发展报告，人才培养和发展技术及方式有近百种，相信总有适合企业学习情境的方式方法。不管采用何种方式，一定要有专人跟进，定期分享学习项目进展，组织学员成果汇报，公开学员学习成绩，让学员随时随地感受到关注。

08

如何培养 π 型人才

我们在企业开展人才管理工作，希望从高潜人才的成长轨迹中，找到能够为人才管理工作带来启发的特征。通过对数十家企业、近百位管理干部的访谈，我们发现一个现象，有发展潜质的管理干部普遍具有一个类似的经历，他们在以往经历中至少待过两个以上的部门，而且基本都轮岗了部门内的核心岗位，他们和单一职能发展经历的管理干部比较起来，视野更宽阔，看问题的角度更加多元化，不容易受以往经验的束缚，更易于产生创新想法，这些往往也能从他们的各类测评报告中有所验证。在学术上，我们一般称这样的人为 π 型人才，指至少拥有两个领域的专业技能，并能将多门知识融会贯通的高级复合型人才；与之对应的是 T 型人才，强调的是有广博的知识并在某一个领域深耕得足够深、看得足够细、研究得足够透的人才。

π 型人才的概念来源于新加坡。面对 VUCA 时代的挑战，新加坡在教育理念上，强调要打造 π 型人才。传统职业发展被认为是一个"T"形的轨迹，即掌握某个"深层"的专业领域，以及许多次要的知识和兴趣领域。简单说就是有良好的基础知识、有广泛的涉猎，但只具备某一项优势。而新加坡显然不满足于培养这一类人才，从而倡导培养 π 型人才，即掌握两个或多个深层知识领域，同时通过其他领域的一般知识和能力来达到平衡。它能在面对社会的快速增长和变化时，增强职场人士的弹性和灵活性。

当我们面临不稳定的就业或工作环境时，我们会想办法突围，而这个思考并执行的过程，就是思维转换，或者称之为跨越式成长，而 π 型人才更容易促发这样的转换或成长，这样的人更有自信面对和接受挑战。乔布斯就是这种类型的复合型人才。乔布斯对艺术和科技创新的追求和造诣，奠定了苹果产品的地位，每件产品都是科技感十足的艺术品。

企业如何培养出 π 型人才呢？我们通过大量的实践案例，访谈总结出几个比较好的做法。

轮岗交流或轮岗学习

轮岗交流或轮岗学习是需要企业人力资源部门有系统、有计划、有策略地设计和安排。首先，要明确企业关键岗位的候选人需要何种职能或岗位经验，比如我们的生产部、质量部的负责人，我们希望他们都能够具备生产、质量的岗位经验，又如人力负责人，我们希望除了人力资源本身的专业岗位经验外，他能够有业务条线的经验，或者希望 COE 能有 HRBP 的岗位经验等；其次，有了这样的关键经验设定后，我们就可以制定具体的轮岗计划，有些人或有些岗位的轮换比较敏感，往往也是需要遇到合适的契机，一旦机会来了，就可以立刻实施；最后，轮岗作为企业人才发展的重要手段，需要获得大家的认同，不是每个人都认可这样的方式，这个时候求大同存小异，先从一个岗位、一个部门内部行动起来，大家看到优势之后就会减少抗拒，慢慢地再通过制度的保障，出台类似岗位必须有相关岗位的轮岗经历才能晋升等人才管理机制，用机制、制度保障成果。

轮岗不能走形式，不能成为干部的过渡期。在一个岗位上轮岗锻炼，一定要做出成绩，业务要发生变化，否则就必须继续在岗位上锻炼，不得出师。

轮岗交流还有一个益处就是打开人才的眼界，打破原有舒适区给自己带来的认知上的束缚。集团公司可以在不同企业之间组织短期的轮岗交流，去优秀的企业学习优秀的经验。我们曾经有个企业的生产负责人觉得自己的生产管理做得还不错，不肯求变，于是集团公司安排其到兄弟企业交流半年，在这个过程中，他发现兄弟企业在自动化设备、工艺管理方面具有先进经验，找到了自己和别人的差距，感受到了自己原有方式的落后。

专项工作或项目性工作

轮岗一方面是培养人才的复合型能力，更为重要的是除了轮岗外，跨部门的项目性工作也是培养、锻炼 π 型人才的有效方式。我们一般会根据重要程度将公司项目分成 ABC 几类，公司每年在战略解码会议或者年度经营会议上，围绕经营目标和管理要求梳理 5~10 个项目，同时鼓励各部门自行提报项目，通过评审给项目定级，根据不同级别设置一定的奖励金。确定项目后，开始确定项目负责人，有些可以直接指定，有些可以竞聘选出，通过这样的方式，既解决了企业关心的问题，为企业带来降本增效、管理优化的价值，同时也可以发现人才、锻炼人才。项目负责人一旦任命后，就赋予其相应的权限，可以调动、考核、管理与项目有关的人才、资金等资源。

从培养人的角度讲，有时候项目负责人未必完全胜任，更多是要锻炼他，所以为了保证项目成果的实现以及锻炼培养人的双重目标，我们一般会给这样的项目负责人安排一位导师或者教练。同时，对所有项目从立项、团队组建、项目计划、执行、调整、成果检验等各个关键节点，公司一定要有相应的团队组织评审、过程跟进和验证工作，确保项目和人才培养的双成功。

很多企业是两头热中间冷，立项的时候和最后出成果的时候，大家都高度积极参与，但中间环节却鲜有人关心，恰恰是中间环节的工作最锻炼项目负责人，也最考验企业的人才管理和运营管理的能力。

还有一些企业的项目性工作本身并不具有挑战性，按照常规做法也能达到类似的结果，这样就起不到培养人的作用，所以在项目提报或立项评审的时候要重点关注三个维度，即目标具有高挑战性、涉及内外部资源广、对经营目标影响大。

学习基金或教育补贴

还有一些企业鼓励员工自我成长，成为企业所需要的 π 型人才，企业人力资源部门会从培训预算里拿出一部分资金作为学习基金或员工教育补贴，鼓励员工学习与现有岗位知识技能关联不大的但企业未来需要的能力清单。员工通过相应的培训或认证后，企业可以报销部分费用，同时设置一个上限，既鼓励了员工，又控制好了费用。

有研发型企业鼓励研发工程师学习插画、音乐等艺术技能，还有制造型企业鼓励员工学习新媒体运营、视频制作软件等技能。看似这些能力与本职工作关联不大，但其背后还是有逻辑联系的，比如艺术技能可以培养研发工程师对美的感知和判断，而这对他们做产品设计时是有帮助的。

对于职场人士来说，不仅在工作上做一个 π 型人才，在人生规划上也要做个 π 型人才，除了工作之外，围绕自己的兴趣或特征形成另外一种能力，这样也可以应对社会变化、职业瓶颈、年龄增长等带来的挑战和风险。人力资源部门不仅仅应该和员工一起做好职业生涯规划，更要承担起和员工共同做好人生规划的重担。

09

如何用股权激励留住人才

在核心人才的激励方式上，股权激励是企业留住人才比较常用的一种重要方法，也是很多智力人才实现自身价值和财务自由的一个途径，企业也希望通过股权激励的方式让核心人才为企业发展持续作贡献，与企业共存共荣。

在股权激励中，我们常见的形式主要有原始股、限制性股权、股权期权三种。每种形式有着不同的目的和操作方法，股权激励涉及面比较广，对企业的股权结构、股东权益、后续经营、人才保留有着深刻的影响，一般是需要企业法务、财务、人力资源等多部门共同协同，甚至有时也是要借助外部专业机构的力量。人力资源部门在其中的角色更多是对激励对象的选择、不同层级激励额度的设置、激励方案的设计和运营管理。

原始股激励的操作一般是在企业上市前，为了让核心成员能够劲往一处使，鼓励人才跟着企业走下去，这些核心成员往往是企业的业务、技术上的核心人才，掌握着企业的核心资源，影响着企业未来的发展，企业所有者希望通过原始股让大家利益一致、利出一孔，让大家看到未来的收益。原始股的定价一般根据企业当下的净资产或者净收益进行计算，互联网或者新兴科技企业往往根据估值来进行计算，企业一旦上市后，会有几十倍的收益。原始股一旦获得后，核心成员将成为企业的注册股东，无论从收益还是影响程度上，都比另外两种形式（限制性股权、股权期权）要大。因此企业所有者在操作时需要考量众多因素，比如激励后的股权结构、企业决策权和控制权、对后续企业融资和上市的影响等。一般企业会设置有限合伙共同作为持股平台，企业所有者通过 GP 角色，以最少的股份就可以控制平台公司，再通过持股平台公司对企业主体进行持股，这样就避免了对控制权的影响，同时设计相应的协议和规则，决定未来可能的进退出机制、变现机制、董事会机制等问题。我们曾经也处理过个别核心人才跟不上企业发展的速度，甚至成为企业发展的障碍的问题，这时对个人的处理，不仅仅要考虑劳动关系，还要考虑本人的股权问题，劳动关系的处理主要根据劳动法及相关法律法规进行处理，而股权主要根据民法典来处理，最主要的依据是其原始股的协议。

上市企业一般常用限制性股权、股权期权。这些主要是企业通过自身持有的二级市场股票以一定的价格转移给企业核心人才，让核心人才通过二级市场股票价格向上波动进行获利。限制性股权和股权期权一般有 3~5 年的行权期限，每年可以行使一定数量的股票或期权，这两种方式的主要区别有以下几点。

定价差异

限制性股权和股权期权一般以股票二级市场前 20 个交易日的均价为基准，企业会以较大的折扣给到核心人才，限制性股票常见的是 5 折，股票期权相对折扣较小，常见的是 9 折。

权利差异

限制性股权在签订股权激励协议时就要支付股票购买资金，权利进行限制性转移，符合时间和行权约定条件时会进行实质转移；而股票期权在签订股权激励协议时无须支付金额，具体行权时支付股票购买资金，而且股权期权可以行使也可以不行使，享有的是一种是否购买的权利，当行权价格低于当下二级市场的价格，说明行权有利可图，那么就可以行使购买的权利；如果行权价格高于当下二级市场的价格，那么就没有增值空间，当然就不会行使这个权利。而限制性股权不存在选择权，开始的时候就已经购买了，相对无风险，而限制性股票自购买后，二级市场股票价格的波动会直接影响购买者的利益。即使发现你当时购买的价格高于当下二级市场的价格，要么等待二级市场股票上涨，要么割肉卖出。

在企业实际操作过程中，我们一般针对不同岗位序列、不同职务层级设计相应的激励额度，通过对人员的盘点梳理进行相应的模拟测算，预估股权激励总股数，报董事会和证监会批准，并进行相应信息披露。

股权激励不仅是肯定和回报人才过去对企业的贡献，更重要的是对企业未来发展的助力，所以选人很关键。

我们一般从以下几个维度去进行选人评估：历史贡献度、未来价值、市场稀缺性。历史贡献度一般作为门槛条件，比如两年企业年资且绩效优良，有过重要贡献的可以额外加分，当然有些核心人才在入职的时候就会将股权激励作为总薪酬的一部分，这时候就会忽略历史贡献度；未来价值主要看这个人未来对企业可能创造的贡献度大小，我们可以设置几个子维度进行评分，比如职级高低，掌握技术的等级，与未来公司重点突破的技术，市场或管理方向的一致性程度等。通过各维度评分来进行最终的人选确定，并将分值高低作为配置股数多少的一个参考依据。

股票配置额度主要基于企业希望员工获益的程度。配置多少才会对核心人才起到激励的作用，这和企业的薪酬体系也有比较大的关联，一般企业对于核心人才都期望能够以高于对标企业的薪酬分位来设置薪酬标准，当企业年薪相对对标企业没有优势的时候，那么在股权激励上一定要高于市场水平；如果年薪本身已经具有一定优势，那么在股权激励上企业可以采用市场平均水平。

限制性股权和股权期权可以按照一定的比例进行配置组合使用，也可以单独使用，配置比例一般在 8:2，一方面人才只有自己投资，将来离开才会有机会成本，才能真正发挥出留住人才的作用；另一方面通过出资也可以看出人才对公司未来发展是否有信心。

企业进行股权激励的时机也很重要，如果股价太高，偏离企业的正常估值，那么这时如果进行股权激励，企业的激励成本较高，人才的积极性不高，同时将来面对的风险却很高，很有可能让核心人才套牢在股票上，不仅没有让核心人才获得股票增值收益，反而要承担亏损的风险，那么就起不到激励的作用，甚至会产生副作用。所以企业一般选择股票在行业内的合理估值水平，甚至低于平均估值水平的时候，这样对人才来说，积极性更高，风险性更小，也让外部市场能看到信心。

在股权激励上确实也会发生一些意外，比如当年度股权激励可以行权的时候，市场股票价格低于核心人才当初的购买价，这时企业要有一定的分析和对策，如果企业没有相应的补偿或核心人才没有看到未来股价上升的可能性，对个人而言，选择离职反正有利于其保住后面未实质行权部分的利益。而当员工离职时，企业需要按照当初的购买价来回购未实质行权的股权，这个往往会给其他竞争对手企业获得核心人才的可乘之机。

进行股权激励的同时，企业也要做好相应的支持工作，比如资金，有些核心人才未必有足够的流动资金去购买，这时候企业可以通过合作银行为员工提供资金来源。

前期做好宣传和支持工作，如果还有核心人才不愿意参加股权激励，我们应该怎么办？不是每个人都喜欢这副"金手铐"。我们曾经也遇到过这样的案例，个别技术专家拒绝了公司的高额股权激励，他们不喜欢公司通过这样的激励方式来变现自己的价值，对他们来说无形之中是一种枷锁。对于这样顶级的核心人才，企业就要单独制定一对一的特殊化激励方式。如果是一般性的核心人才，可以重点关注他近期的动向，是否有离职变动的倾向，从而评估可能面临的风险。

如果企业没有上市，除了原始股激励外还有其他股权激励方式。企业可以通过虚拟股权进行激励，和上市公司运作相比，主要差异在于定价的基准上，上市公司是以二级市场股价作为基准，那么未上市企业需要根据企业行业特点、发展阶段来建构自己的定价模型，一般综合参考净资产、净收益或上一轮融资定价等因素，也可以借鉴同类型业务的上市企业的市盈率等水平来定价。当企业相应指标上涨后，核心人才就可以分享其中的增值收益部分了。

PRACTICE OF ORGANIZATION MANAGEMENT

——————————

结语

人力资源工作者
应建立和保持独立人格

所谓"独立人格"，笔者认为是在独立于任何权威，不依靠任何法定权利的前提下，人力资源工作者所具备的独立思考、独立判断的人格品质，并可以独立发出具有创造性见解的声音。唯有如此，人力资源工作者才不至于成为一个跟随者，而是成为企业发展的推动者。具有"独立人格"是人力资源工作者一个非常重要的特质，那么我们应该如何建立、培养和保持独立人格呢？笔者认为至少要具备三点：深入一线业务并理解业务发生的场景、解决问题的能力、时刻铭记身上的责任和使命。

深入一线业务并理解业务发生的场景

日本经营之神、著名企业家稻盛和夫曾经说过：

"工作现场有神灵。"所谓工作现场就是企业的一线业务所在地，一线构建了业务的基本场景，而管理也必须在一线，所以人力资源工作者必须深入一线并理解企业业务发生的场景和逻辑。

传统信息传递和决策模式往往是处于一线的人员获取外部信息，信息自下而上传递到企业经营层，由经营层进行决策后再反馈给一线人员，一线人员再执行作用于外部环境；随着市场环境、竞争对手的变化速度和频率的加快，传统信息传递和决策模式难以快速响应环境的快节奏变化，所以组织和个人必须进行变革以满足业务环境的变化。这也是为什么华为任正非提出"让听得见炮火的人决策""现代战争是班长的战争"等观点。

如何才能让熟悉一线业务的人员快速响应变化并做出正确的决策？作为企业重要的中后台职能支撑组织，人力资源部门一方面要为一线人员搭建能够敢做决策的机制，赋予其具备做正确决策的能力；另一方面也要能在第一时间获取业务一线信息，以便对重要事项及时给予资源支持，对于共性的、风险性的问题能够进行制度流程等系统性解决方案的建设。所以我们需要深入一线，了解企业所处的市场环境、业务场景，对我们的竞争对手做到知己知彼；我们的一线员工如何开展工作、如何协调资源，正在或可能会遇到何种问题和挑战；清楚公司政策在一线执行的情况，是否需要进行调整；理解大家的困惑和提供所需的支持。这些都是人力资源工作者非常重要的工作切入点，我们的工作要想有灵魂，那么就要围绕这些内容开展，这些是我们开展工作的原点；我们的工作要想有价值，那么就要走出办公室，办公室里是没有解决方案的，毛泽东说没有调查就没有发言权，我们要想在公司有发言权，有价值存在感，就是要去一线调查，我们的工作必须建立在一线调查的基础之上。

解决问题的能力

深入一线业务并理解业务发生的场景，是为了更好地解决问题。打铁还需自身硬，人力资源工作者要想成为企业发展的推动者，自身首先需要有过硬的专业水准，很多人力资源管理干部往往职位越高越容易忽略自身专业能力的提升，而过于关注人际关系和组织协调。专业领导力是领导者的基本功底，尤其在知识和信息快速发展的互联网时代，知识迭代和应用场景迭代周期越来越短，往往两三年时间就需要我们重构自己的知识体系，否则就会跟不上企业发展的节奏，跟不上时代发展的步伐。

这个时代很难有全才，尤其在人力资源这样一个通用管理型的学科中，我们更多的是通才加上一些领域的精通，也就是 π 型人才。人力资源工作者需要构建自己的学习力和迁移力，把底层基础打牢了才可以快速构建或重构自己的知识体系，这是解决问题的基础。而解决问题的能力其实就是寻找业务场景和知识体系链接的行动力，匹配好锁和钥匙的行动力。只具备知识体系，而不具备行动力，那最多是纸上谈兵；而不具备知识体系，只具有行动力的，往往是把企业当作一种高成本的"试错田"。列宁说过，没有革命的理论，就没有革命的行动。只有在知识体系的指导下采取的行动才是有价值的，才是真正的解决问题的能力。

时刻铭记身上的责任和使命

对于企业，随着外部环境的变化，组织内部各系统也要相应地进行变革。无论如何变化，企业是否存在相对稳定的锚点，让大家在变化中不至于迷失方向呢？笔者认为企业的使命就是那个锚点，使命在组织存在的期间还是具有稳定性的。不是说不能变，而是要保持相对稳定。使命就像航行在暴风骤雨中船队的稳定器，时刻帮助船队保持大方向，不偏航。企业需要这样的稳定器，人也需要。人力资源工作者在工作中要面对不断变化的环境，面对形形色色的人、面对曲折复杂的事，难免会有心理的波动和价值观的斗争，因此我们必须有一个锚扎根于内心深处，那就是自己的责任和使命。当我们在面对压力、面对委屈、面对诱惑的时候，唯有坚守自己的使命和责任，才不会偏离轨道。归根结底，我们的使命和责任就是组织的利益。只要符合组织的利益，就应该坚持；而违背组织利益的，坚决不做，不要被落后的组织关系束缚，只有心中有使命，我们才能经受住压力，受得起委屈，禁得起诱惑。眼中有阳光，一切都是光明的。

除了以上三点外，人力资源工作者还需要具备一个宝贵品质，那就是慎独精神，这是儒家的一种道德修炼方法，《中庸》中说："莫见乎隐，莫显乎微，故君子慎其独也。"当然这是一种极高的境界。

参考文献

[1] 徐世勇 . 组织管理十大经典理论 [M]. 北京：中国人民大学出版社，2020.

[2] 彼得·德鲁克 . 卓有成效的管理者 [M]. 许是祥，译 . 北京：机械工业出版社，2017.

[3] 埃德加·沙因 . 组织文化与领导力 [M]. 章凯，罗文豪，朱超威，等译 . 北京：中国人民大学出版社，2014.

[4] 罗伯特·卡普兰，大卫·诺顿 . 平衡计分卡 [M]. 刘俊勇，孙薇，译 . 广东：广东经济出版社，2004.

[5] 迈克尔·波特 . 竞争优势 [M]. 陈丽芳，译 . 北京：中信出版社，2014.

[6] 罗德·瓦格纳，詹姆斯·哈特 . 伟大管理的 12 要素 [M]. 宋戈，周蔓，王复梅，译 . 北京：中国青年出版社，2008.

[7] 黄卫伟 . 以客户为中心 [M]. 北京：中信出版社，2016.

[8] 詹姆斯 G·马奇，赫伯特 A·西蒙 . 组织 [M]. 邵冲，译 . 北京：机械工业出版社，2018.

[9] 田涛，吴春波 . 下一个倒下的会不会是华为 [M]. 北京：中信出版社，2012.

[10] 帕特里克·兰西奥尼 . 打破部门壁垒 [M]. 郝广行，译 . 北京：电子

工业出版社，2016.

[11]罗伯特·卡普兰,大卫·诺顿.战略地图[M].刘俊勇,孙薇,译.广东：广东经济出版社，2005.

[12]亨利·明茨伯格.卓有成效的组织[M].魏青江，译.北京：中国人民大学出版社，2012.

[13]戴维·尤里奇.人力资源转型[M].李祖滨、孙晓平，译.北京：电子工业出版社，2015.

[14]大卫·汉斯.组织设计[M].戴维，译.北京：中国青年出版社，2014.

[15]伊莱恩·碧柯.ASTD培训经理指南[M].顾立明，李家强，崔连斌，等译.南京：江苏人民出版社，2012.

[16]张建锋,肖利华,叶军等.数智化敏捷组织[M].南京：人民邮电出版社，2022.

[17]彼得·德鲁克.管理的实践[M].齐若兰，译.北京：机械工业出版社，2018.